庆祝北京工美集团成立三十周年

北京工艺集团 编

最美的胜出

贺北京工美集团成立三十周年

滕士能

北京工艺美术出版社

图书在版编目（CIP）数据

最美的胜出/北京工美集团编．——北京：北京工艺
美术出版社，2011.11
ISBN 978-7-5140-0105-1

Ⅰ.①最... Ⅱ.①北... Ⅲ.①工艺美术－企业集
团－概况－北京市 Ⅳ.①F426.89

中国版本图书馆CIP数据核字（2011）第229522号

出 版 人：陈高潮

责任编辑：陈朝华　邵晓晨

装帧设计：印　华

责任印制：宋朝晖

最 美 的 胜 出

北京工美集团　编

出版发行	北京工艺美术出版社	
地　　址	北京市东城区和平里七区16号	
邮　　编	100013	
电　　话	（010）84255105（总编室）	
	（010）84255220（编辑室）	
	（010）64283671（发行部）	
传　　真	（010）64280045/84255105	
网　　址	www.gmcbs.cn	
经　　销	全国新华书店	
印　　刷	北京翔利印刷有限公司	
开　　本	710毫米×1000毫米　1/16	
印　　张	17.75	
版　　次	2011年11月第1版	
印　　次	2011年11月第1次印刷	
书　　号	ISBN 978-7-5140-0105-1/J·1005	
定　　价	58.00元	

《最美的胜出》编委会名单

主　　编　李节

执行主编　侯金成　郭　鸣

副 主 编　曹胜龙　杨中俊　郭宝林　王　健

　　　　　孟繁民　辛全立　边广增　段体玉

总 策 划　张功荣

编　　委　刘　伟　张立石　李　颖　郭红蕾

　　　　　苏靖晨　武晓燕　于　欣　曹振宇

　　　　　白文斌　申文广　徐　东　李素青

　　　　　杨　蕾　董振涛

摄　　影　孙国清等

李铁映题词

藏珍集華

北京工藝美術博物館

刘开渠

刘开渠题词

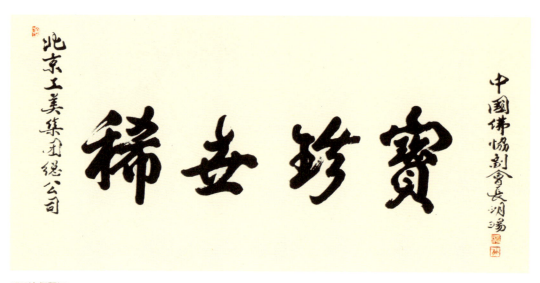

稀世珍寶

北京工美集团总公司

中国佛协副会长明旸

明旸法师题词

宏揚國粹 開創新風

北京工藝美術博物館開館之賀

丁丑新秋 劉炳森書

劉炳森題詞

序一

今天多美好　明天更辉煌

步正发

　　工艺和美术完美的结合，是人类社会对美的追求达到一定阶段的表现，或者说是人们的审美情趣上升到精神层面的产物。从大的文化范畴来说，工艺美术是人类文明走向更高的精神境界的情趣所在。我们在故宫和国家博物馆欣赏那些精美的青铜器、玉器、瓷器、牙雕、景泰蓝、漆器时，无不为我们祖先对艺术创作至善至美的追求而感到惊羡。其实这些令人赏心悦目、叹为观止的历史文物，都是我们现在所说的工艺美术品。

　　尽管这些精美典雅的工艺美术品已经在博物馆沉睡了几百年，甚至一两千年了，但是把它拿到今天依然熠熠生辉。艺术的魅力有时是永恒的，往往也是超越时代、民族、国家的，这反映了人类审美情趣的共性。任何一件工艺美术品都会打上历史和时代的烙印，也是一个民族、一个国家人民的智慧和创造力的结晶，当然我们所处的这个伟大的时代，也需要在继承前辈的艺术风格、审美情趣的同时，创造更多更好的能反映出时代精神的作品来。

　　北京工美集团是北京这座历史文化名城的一张文化名片，它的名气很大。北京是六朝古都，经过数百年发展，北京工艺美术不论是种类还是数量，已达到了前所未有的高峰。形成了带有皇家文化色彩的"京作"，以及"燕京八绝"，代表了中国工艺美术的最高水平，现在这些工艺美术技艺已经作为非物质文化遗产的保护项目被传承下来，并且被北京工美集团发扬光大。"北京工美"已成为

北京乃至全国响当当的"品牌"。这个"品牌"本身就是一笔巨大的无形资产。

北京工美集团是北京乃至全国工美行业的领军企业，成立30年来，北京工美集团多次承担设计和制作党和国家以及北京市的"国礼"和"市礼"的任务。他们设计制作的"翡翠四宝"享誉中外。尤其是2008年北京奥运会他们设计制作的"奥运徽宝"和2010年上海世博会他们设计制作的"世博徽宝"，闻名世界。

据我所知，美国纽约联合国总部的大型牙雕作品《成昆铁路》，也是他们设计制作的。2011年，他们围绕建党90周年和辛亥革命100周年等重大题材，设计制作的工艺美术作品非常有创意，受到了社会各界的好评。

北京工美集团以他们设计制作的精美典雅的工艺美术作品而扬名和传世。他们的作品记录了我们的这个时代，也见证了共和国前进的步伐。可以说他们是最美的使者，也是中华民族"国粹"的传承者。

改革开放为北京工美集团的发展创造了广阔的空间，带来了强大的动力。30年来，北京工美集团由单一的工艺美术产品的开发设计经营总公司，发展成现在的集研发、设计、制作、展示、规模经营、进出口贸易等全方位的大规模的工美集团。

现在北京正在打造世界城市、文化旅游之都，随着人们生活品质的提高和对美的追求，随着国际交往和文化交流的进一步发展，工艺美术行业迎来了发展的黄金期，在这种时候，北京工美集团又在"十二五"规划中，提出了打造"百亿集团"的目标体系。我想，他们这种求真务实、积极进取的精神是难能可贵的，而且他们发展的脚步也是坚实的。

人类社会发展到今天，科技的发展，让过去的梦想变为现实。生产力的发展，让人们的生活一天比一天更美好。人们的日子舒坦了，衣食无忧，在享受物质生活的同时，更需要精神文化的享受，而人类的精神文化生活，离不开对美的追求。随着人们审美情趣的提高，人们需要更多更好的工艺美术作品，满足精神世界文化消费的愉悦。这应该说也是社会主义精神文明建设的一个重要内容。从这个意义上说，北京工美集团任重而道远。

刚过"而立之年"的北京工美集团取得了令人瞩目、可喜可贺的成就。过去的业绩为明天的辉煌奠定了坚实的基础。我衷心祝愿北京工美术集团不断发展壮大，不断为人民研发创作出更多更美的工艺作品，真正做到"最美的胜出"！

步正发：中国轻工业联合会会长、党委书记，中华全国手工业合作总社主任

序二

三十载拼搏终成器

马维燕

2010年恰逢北京工美集团有限责任公司成立30周年，为记录这一里程碑式的发展历程，北京工美集团以《最美的胜出》为名，从不同的侧面，多角度、全景式地展现了北京工美集团30年来的发展历程。作为北京市国资委主管的企业，我们见证了北京工美集团通过30年的执著与坚守，30年的成长与磨砺，30年的奋斗与拼搏，克服重重困难，由一个经营困难企业成长为现在年销售数十亿元的高速发展企业的过程，我们对此倍感欣慰。

日月轮回，斗转星移，30年如白驹过隙，转瞬即逝。回顾北京工美集团30年的发展过程，不但记录着北京工艺美术人智慧的创造，镌刻着北京工艺美术人所走过的雄浑足印，也是一部浓缩的北京工艺美术发展史。在这日新月异的30年中，北京工美集团经受住了市场经济的考验与改革发展的阵痛，在市场大潮中一次次勇敢地搏击，抢抓发展机遇，通过积极参与奥运、服务世博等重大项目，在赢得企业自身经济效益的同时，也充分展现了作为国企敢于担当、勇于奉献的社会责任感与使命感。通览全书，一幅幅感人的画面、一段段真情的文字跃然纸上，让我们充分体会到北京工美集团30年来发展的艰辛历程，更让我们看到了企业发展后结出的累累硕果。

总结过去是为了更好地指导未来，通过一本充分反映过去30年发展历程的书籍，对现今的北京工美集团是有着强烈的现实指导意义的，也是形成一个优秀企业文化的重要组成部分。相信北京工美集团能够充分利用30年来成功的经验与教训，不断提升自身的发展水平，强化自身的发展优势，拓展自身的发展领域，将转变经济发展方式、深化企业改革、做强做大企业的一系列部署和要求落到实处，进一步解放思想，拓宽视野，深刻分析工美行业发展趋势和规律，借鉴先进企业的管理理念和经验，通过加快经济发展方式的转变，使北京工美集团在弘扬工美文化、打造工美品牌、提升集团核心竞争力上，取得新的业绩。坚持不懈地推进改革发展，坚持不懈地服务首都经济，为建设"人文北京、科技北京、绿色北京"和实现建设"世界城市"目标，作出应有的贡献。

马维燕：北京市国有企业监事会主席

从辉煌中走来

张兰青

以文化力铸就品牌的北京工美集团，乘着中国改革开放的春风，把牢产业发展机遇，在激烈的市场竞争中搏击风浪，沿着创意产业高端发展之路奋力前行，实现了快速提升，赢得了业内外的赞誉。从受国务院委托制作授给十一世班禅的金匾、金册与金印，到"两弹一星"、"神五"、"神六"、"神七"奖章；从斥资百万精心设计制作的北京奥运徽宝惊艳亮相，到全国唯一一家旗舰店——北京奥运特许商品旗舰店的隆重开幕；从企业脱困改制，到实现经济蓬勃发展。30年走过的创业足迹，由一件件不平凡的事，一批批无私奉献的人，铸就出品牌，成就了事业，实现了经济效益和社会效益双丰收。

回顾过去，感慨万千；展望未来，信心百倍。相信工美人一定能够继续团结一心、不辱使命、紧抓机遇、努力前行，用似火的热情融化困难的坚冰，用辛勤的汗水浇灌成功的花蕾。北京工美集团在千载难逢的发展机遇中，以科学发展观为统领，按照首都功能定位，围绕市场需要，乘势而上，近期将出版《最美的胜出》一书。这不仅是一本立意高远、内容丰富、催人奋进的图书，也是北京工美集团发挥自身优势，以更坚定的信念、更高昂的斗志做大做强企业的信念和决心。希望北京工美集团与社会各界携手，站在新起点、迎接新挑战、实现新跨越！

我坚信北京工艺美术产业一定能够凭借着无与伦比的深邃文化内涵、巧夺天工的精湛技艺，成为文化创意产业发展的重要载体和支撑，成为首都"五个之都"建设的重要基础和标志。

张兰青：北京市经济和信息化委员会副巡视员

目录

责任篇

发展篇

科学发展　前程似锦

◎ 陈士能

　　北京工美集团于1980年成立，到2010年已整整30年了。30年充满艰辛与挑战，30年饱含起伏与波澜。30年的风雨积淀，虽几经变革，几易其名，但北京工美集团的发展步伐从未停止，积极向上的进取精神从未减退，正是由于坚持不懈的拼搏，才使得北京工美集团的发展速度越来越快，发展质量越来越高，在市场经济的大潮中一次又一次突破着自我。看到现在蓬勃向上的北京工美集团，我倍感欣慰，作为一个见证了北京工美集团发展历程的轻工老人，内心充满了激情与喜悦。

　　作为北京乃至全国工艺美术行业的引领者，北京工美集团的发展可谓是历经磨难。虽历经变革，但作为一个以传统文化传播与传统工艺技法为核心竞争力的老字号企业，北京工美集团在行业内依然保持着较高的声誉与影响力，在工艺美术品设计开发能力与工艺美术大师等稀缺资源的拥有量上依然在行业内有着不可匹敌的优势。多年来，北京工美集团一直承担着国家级礼品的设计生产任务，多次为中央及轻工部领导在重要外事活动中向外国友人赠送精美礼品作出了重要贡献，从毛泽东主席赠送苏联政府的牙雕礼品《北海全景》到中国政府赠送印尼总统的花丝镶嵌礼品《颐和园石舫》；从国务院制作了颁授给十一世班禅的金册、金印、金匾到北京市市长刘淇向国际奥委会主席萨马兰奇正式递交的北京2008年奥运会的《申办书》，可以说在重大事件中每每都可以看到北京工美人的身影。1984年我由上海调入国家轻工业部任副部长，工艺美术也是我分管行业之一，当时由国务院批准将四块稀世翡翠交由轻工部来设计制作，进过多次研究，最终决定将此项工作交给了当时的北京市工艺美术品总公司来完成。主要由北京玉器厂的多位玉雕大师集体创作，四件翡翠国宝《岱岳奇观》《含香聚瑞》《群芳揽胜》《四海腾欢》历时7年制作完成，在中国工艺美术馆展出后获得了国内外的一致赞誉，并得到国务院的嘉奖。截止到目前，这四件国宝级艺术品仍然是我国体积最大、分量最重、硬度最高、品质最好的翡翠艺术珍品，体现了当时玉雕工艺品的最高水平。在设计制作过程当中，我对工艺美术事业有了进一步认识，热爱上了工艺美术行业，我也与王树森、王仲元、高祥、蔚长海、董文钟、陈长海、郭石林、张志平、马庆顺等许多工艺美术大师结下了深厚的友谊，在向黄胄、刘开渠、杨伯达、王世襄、张仃、钱绍武、傅之仇、启功、华君武、李可染、李苦禅、吴冠中、常沙娜、郑可、李绵璐、袁运甫等美术大家请教的过程中，既向他们学到了知识，也学习到了他们高尚的品德。同时在工作中，我也与薄熙成、徐锋、王振、郭泰来、唐克美、张成杰、李进华、赵之硕、朱培初及刘继庭等同志结下了不解之缘。

进入21世纪，北京工美集团得到了快速发展，特别是通过积极参与北京奥运会、国庆60周年等重大事件，在体现企业社会责任的同时，企业也获得了经济效益与社会效益的双丰收。在整个奥运期间，北京工美集团在奥运特许商品开发方面共设计开发了657款产品，获奥组委批准上市销售346款，在北京奥运会市场整体实现的200多亿元的销售中，仅北京工美集团就完成了近15亿元的销售，向奥组委交纳特许权费达1亿多元，在为北京奥运会作出了突出贡献的同时，企业也创出了巨大的经济效益和社会效益，实现了企业的大发展。2009年，正值建国60周年的重要时刻，北京工美集团应邀参加了首都庆祝建国60周年活动筹备委员会召开的首都庆祝建国60周年标志、徽章、请柬设计招标会议，在与多家极具设计实力的国内著名设计机构进行竞标的过程中一举中标，承担了为国庆60周年庆祝活动设计标志、设计制作纪念徽章及各类活动票务的重要工作任务并保质保量地予以完成，为建国60周年活动的成功举办作出了贡献，得到了市委市政府领导及"60筹备办"的高度赞扬和肯定，进一步树立了北京工美集团在各级政府和市场中的品牌形象。

通过30年来不断地努力与拼搏，当前的北京工美集团可以说在企业管理、经营结构、产品特色与品牌影响力等多方面均实现了质的飞跃，他们在巩固现有发展基础的同时，结合当前经济形势，认真总结以往成功的发展经验，进一步解放思想，转变观念，化压力为动力，变挑战为机遇，坚持传承，不断创新，将时代精神融入到传统品牌中去，更好地适应市场，把握机遇，不断满足广大人民群众日益增长的精神文化需求。

我想作为处于战略拓展期的北京工美集团要继续保持现在良好的发展势头，在工艺美术行业不断实现新的发展与突破，下一步应做好以下几方面的工作：

第一，以承载中华文化为己任，完成历史赋予北京工美集团的责任。

我国是具有5000多年丰富文化底蕴的文明古国，勤劳智慧的中华民族创造了光辉灿烂的历史文化，留下了举世闻名的文化遗产，而工艺美术就是这种历史文化遗产的重要组成部分。通过对作品的创造，工艺美术将丰厚的文化内涵赋予其中，传情达意，言志抒怀，表达了对精神、文化的追求，同时工艺美术作品又具有很好的艺术观赏性与收藏性。近些年随着中国的和平崛起，中华文化在全世界范围内再度得到追捧与赞誉。北京工美集团作为全国工艺美术行业的先锋，要起到龙头和旗手的作用，要有强烈的社会责任感和爱国主义精神，为中国工艺美术的传承与发展作出更多的贡献，要处理好继承和创新的关系，创作出无愧于时代的艺术作品。

　　中华文化是中华民族生生不息、团结奋进的不竭动力。全面认识祖

明代　青铜　绿度母　北京工艺美术博物馆藏

国传统文化，取其精华去其糟粕，使之与当代社会相适应，与现代文明相协调，保持民族性，体现时代性。要加强我国优秀文化传统教育，运用现代科技手段挖掘开发利用民族文化的丰富资源。传统工艺美术存在着丰富的历史文化内涵，继承传统是创新的基础，是创新的源泉，但也不能因循守旧、简单复古、原地踏步、故步自封，因为只有创新，工艺美术才有生命力，只有创新，工艺美术才能不断发展前进。可以从题材选择、材料选用、制作工艺、加工手段上下工夫，不断开发出新题材、新工艺、新技术、新材料，创作出既传统又具有时代气息，符合现代审

清代　白玉山子　香山九老　北京工艺美术博物馆藏

美观念的新作品，希望广大工艺美术工作者能够深入到各地、各民族中去，相互学习、相互交流、吸取营养，从而促进北京工艺美术事业，乃至全国的工艺美术事业的繁荣和发展。同时，针对一些传统的工艺美术品种和技艺面临着失传的局面，要尽最大努力抢救、保护这些珍贵资源，要深入到民间加强调研，下大力气收集和整理传统工艺美术资料，征集优秀作品，决不能让这些宝贵的历史文化遗产和非物质文化遗产在我们这代人手中遗失。

我国的工艺美术事业，历史最悠久，技艺最精湛，品种最繁多，内容最广泛，内涵最丰富，风格最独特。它不仅反映了中华文化的发展的轨迹，折射了中国社会的发展的脉搏，而且显示了五千年中华民族优秀文化的精华、优秀成果。从原始社会彩陶、商周的青铜器、战国秦汉的漆器和玉器、汉唐的织锦到唐宋的金银器、宋元明清的陶瓷、刺绣、家具、建筑艺术等，无不辉煌灿烂，闪耀着祖先的聪明才智。我国的工艺美术，是古代文化艺术宝库的重要组成部分，是中华文明的瑰宝，充分体现了中华民族之优秀与伟大。作为中国人，我们感到无比骄傲和自豪。所以，北京工美集团要继续继承和弘扬我国的工艺美术事业，使之能够增强中华民族的自信心和凝聚力。同时，激励广大人民群众的爱国主义热情，向世界展示中华民族博大精深的优秀文化，加深世界人民对中国的了解，增进世界人民与中国的友谊。

第二，立足首都北京的发展定位，做好工艺美术事业的集成与创新。

改革开放以来，国内经济快速发展，政治稳定，社会安定。随着人民生活水平的不断提高，使得大众的消费倾向由传统的物质消费更多地偏向了精神文化的消费。同时，为了进一步贯彻落实中央关于转变经济发展方式的重要举措，北京立足于世界城市的战略定位，要在未来一段发展时期内全力打造国际活动聚集之都、世界高端企业总部聚集之都、高端人才聚集之都、先进文化之都和和谐宜居之都，并逐年加大对文化产业的扶植力度与政策保障，为下一步文化创意产业的发展与调整指明方向，这给我国文化企业的发展提供了更好的机遇。所以就内外部市场、政策支持及产业中长期的发展机遇来看，作为从属于文化创意产业的北京工美集团，在即将到来的"十二五"中，要从建设"人文北京、科技北京、绿色北京"和世界一流城市的高度审视公司未来的发展，要将创新的思想和行动与自身的实际发展情况有机结合，坚持高举文化创意大旗，紧紧围绕工艺美术主业和成为提供具有较高文化附加值的中高档工艺美术品的提供商和高附加值服务平台的提供商的发展目标，充分利用文化创意产业作为后经济危机时代经济增长的新亮点，转变经济发展方式，提高经济运行质量，利用工艺美术这一中华文化优良的传播载体与文化创意产业有机的组成部分，借助当前良好的发展机遇，充分发挥创新驱动、产业融合、生态增值等特有功能，以文化为主题，以创意为核心，以产业发展为动力，在市场认可的前提下，赋予作品以更多更好的思想养分与精神内蕴，将民族性与世界性相结合，传统与时尚相结合，满足市场与创造市场相结合，创意与创收相结合，艺术性与实用性相结合，独创性与借助外力相结合。要以大产业、大市场的发展理念为指导，强化开拓创新、开放合作与整合资源的观念，紧紧围绕"三大板块，五大中心"的发展格局，不断提高企业研发设计、生产营销、品牌宣传等环节的营运水平，促进工艺美术的大发展、大繁荣，助力社会主义文化事业的大发展、大繁荣。

第三，加强工艺美术人才培养，为行业发展提供永续动力。

工艺美术行业要大发展、大繁荣，关键在于人才。作为以创意为核心的知识密集型产业，人才可以说是其发展的原动力与决定性因素，只有通过人才的智慧、技能和天赋来对文化进行创新与提升，才能产出高附加值的文化产品以满足消费者在精神、文化方面日益增长的多样化、多层次、多方面需要。

中国传统手工艺从业者多数是以家庭为单位的作坊式生产方式，

虽经历了数次较大规模的资源整合，但手工艺的工艺特性及从业环境使得自身没有能力进行内部整合从而完成由传统模式向现代产业模式的过渡，致使工艺复杂、费时耗工的传统手工艺没能很好地传承与发展，出现了人才断档、后继无人的尴尬境地。可见适应行业发展的变化，完善产业体系，调整产业结构是工艺美术能够健康发展的前提与基础。进一步整合工艺美术行业的各种资源，特别是工艺美术大师的资源，一方面要创造条件，通过名师带徒弟的传统形式将精湛的工艺美术技艺与制作经验传给下一代。同时要结合现有文化创意产业的发展趋势，探索建立

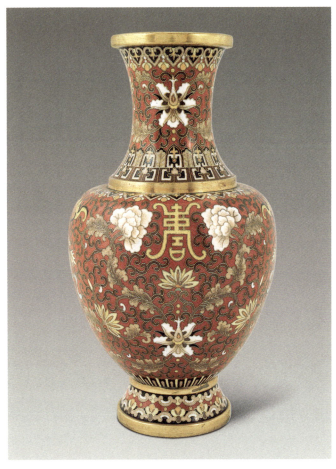

现代　景泰蓝　福寿有余　北京工艺美术博物馆藏

科学发展　前程似锦

集设计开发、创意制作等环节为一体的综合性文化创意基地。为培养下一代手工艺从业者搭建一个起点高、基础牢、底子厚的学习交流平台，为工艺美术的可持续发展提供一个有力保障。

只有建立起行之有效、特色鲜明、符合发展要求的人才培养体系，才能不断提升工艺美术的内在发展动力，才能使工艺美术人才辈出，从而使企业的核心竞争力在文化创意产业的竞争中稳步提升。

第四，要抓住新机遇，实施"走出去"战略，进一步扩大中国文化在世界范围内的影响力。

在国际金融危机将各国的贸易额大幅削减的时候，对外文化贸易却逆流而上，且呈现出跳跃式增长。国际文化产业的经营发展出现阶段性疲软，让出了一定的市场空间和机会，也为我国文化产业加快"走出去"提供了新的有利条件。作为中华传统文化的优良载体，工艺美术以其深邃的文化内涵及区别于其他的精湛工艺，在世界范围内享有极高的声誉。进一步发挥中华文化的特色优势，落实工艺美术文化产品出口，将成为工艺美术全行业进一步发展的重大契机。首先，应对海外市场进行分析、调研，从而根据市场的实际需求，积极调整对外出口产品结构；其次，加强与国内特色工艺品生产厂家的联系与合作，增加对外出口的产品种类，给予客户更多的选择空间；第三，认真分析竞争对手的战略，根据自身情况加以借鉴，不断提升我方的营销水平，丰富我方的营销手段；第四，根据自身产品特点走特色化、差异化经营路线，集中优势资源，培养重点市场，切忌四面出击，分散力量；第五，整合内部创意设计资源，加强实物出口的同时，以其为载体，提高对外文化的宣传力度，从而培育、扩大中国传统文化产品在海外的影响力，提升企业品牌的知名度；第六，根据文化创意产业特点，适当地摸索、尝试以创意为主的非实物类文化产品的出口模式，做到以"内容"抓"市场"，以"创意"见"效益"。

中华民族的伟大复兴必须伴随着中华民族文化的繁荣兴盛。北京工美集团要以弘扬和发展中华民族优秀设计与精湛技艺为己任，创新发展为理念，打造工艺美术品生产、商业经营、国际贸易、设计开发、检测鉴定、职业教育、文化交流的多元化综合性集团公司。在全国范围内起好带头作用、引领作用、示范作用，更加自觉、更加主动地以科学发展观为指导，推动文化大发展、大繁荣，在中国特色主义的伟大实践中推进工艺美术事业，创造出无愧于时代、无愧于人民的优秀作品，为继承、创新和发展我国传统的优秀的工艺美术事业、为推动我国社会主义的经济建设、政治建设、社会建设、文化建设和精神文明建设作出新的贡献。

长风破浪会有时，直挂云帆济沧海，相信北京工美集团能够在"十一五"筑起的发展新平台上不断创新，勇于开拓，在"十二五"期间迎接新挑战，提出大思路，实现大发展，在竞争激烈的市场中勇往直前，为工艺美术行业不断前进努力拼搏。愿北京工美集团的发展兴旺发达，愿工艺美术事业的发展蒸蒸日上！

陈士能　十届全国人大常委，中国轻工业联合会名誉会长，中国工艺美术学会名誉会长。

工美大厦
——你在我眼中最美

◎ 吴汾

天子脚下，六朝古都，北京城里让北京人骄傲的东西不少——藏历史的有长城、故宫、颐和园……蕴人文的得算胡同、四合院、烤鸭……这里还有一座血脉里流淌着北京传统文化的人文景观，它几十年里大气地伫立在北京的金街——王府井大街南口的东隅，看世间沧桑变幻，默默承担着传承中华传统工艺美术文化的责任。它就像是中国工艺美术这个大家族的长子，任劳任怨，无怨无悔，承前启后，为的是不负"中国工艺美术第一店"的盛名。它就是前身为北京工艺美术服务部的王府井工美大厦。

前世

50年代　国色天香

　　王府井大街200号，王府井工美大厦，一座地上9层、地下4层的现代化商业楼宇，是现在呈现在人们眼前的样子。可是在稍微上了点岁数的北京人的印象里，那是一座在王府井大街南口占地不小的平房，其历史可以上溯至1953年成立的北京市手工业联社和1954年成立的北京美术商店乃至更早些时候。

　　新中国成立伊始，百废待兴。囊括了玉雕、牙雕、珐琅、雕漆、烧瓷等门类的特种手工艺品行业，得到了当时的国家领导人的特许得以"减免税收、低息贷款、给予扶植"。1950年，因为当时渠道和货源的限制，只限经营北京工艺美术产品的北京市特艺公司成立，而且产品不在市场销售，只出口到苏联和东欧社会主义国家。此后，为加强这方面工作，文化部委托中国美术家协会着手调查并筹建一个专门机构。1953年，"美协"征集收购了当时全国各地生产的各种工艺美术品并举办了全国工艺美术品展览。

　　1954年初，在中央美术学院院内，几间油毡盖顶的棚子作为办公室，一间教室当作存放工艺品的仓库，只有十几名员工的美术商店开张了。因为当时苏联老大哥把这类经营工艺品的部门叫做美术商店，所以当时的有关部门也仿效沿用了，这就是北京工艺美术服务部的前身。当时美术商店的主要工作是收购作为国家礼品的工艺品，筹备用于出国参展的工艺品等。1954年，周恩来总理率代表团出席日内瓦会议，就从服务部选带了40条编工精细、美致雅观的宁波草席作为礼品赠送给与会的各国朋友。宁波草席又叫"滑子"，也叫"明席"或"宁席"，已有1000多年的历史，最上品的是白麻经草席，这种草席筋结实，色泽绿，编制均匀，边密实，风格古朴大方，外国朋友对周总理带去的国礼宁波草席盛赞不已。1954年12月12日，美术商店迁到王府井大街路西265号，原来的仁立地毯公司门市部（美术商店把仁立地毯公司门市部的货底和房屋全都盘了下来），正式更名为北京美术服务部并对外营业。这家当时只有40多名职工的全国第一家专门经营工艺美术品的商店主要工作和任务依然是筹备收集国家级的礼品展品。美术服务部的招牌一挂，接受的第一个任务，就是为当时的对外文委组织、设计生产5套出国展出的工艺品。服务部收购上来的5套工艺品当时由中国美协和中央美院的学者教授组成的专家组反复审查通过，最后由一位副总理审核批准。这5套工艺品分别被送往印度、印度尼西亚及东欧等国巡回展出，一些与我国尚未建立外交关系国家的外交人员也前来参观，这在某种程度上推进了与一些尚未建交国家的建交进程，堪称一次成功的"工艺外交"。

在政府和有关部门的配合下，美术服务部多次组织专家教授到全国各个工艺品产地帮助组织生产，指导创新开发，请回老艺人，组织恢复地方陶瓷的生产技艺。江苏宜兴、湖南醴陵、广东石湾、福建德化、河北彭成镇当时都有造访。与美术服务部挂钩的中央美术学院柴扉、张仃、郁风、张正宇等教授都曾带学生分别到苏州、长沙、青田、寿山、东阳等地指导苏绣、湘绣、石刻、竹编的设计生产。四川自贡竹丝扇——"龚扇"是由清末竹编艺人龚爵五创制的，到20世纪50年代初已传承到第四代，只有龚玉璋父子还能掌握制作手艺。"龚扇"的选材、备料十分苛刻，每根竹丝洁净清莹透明，在直径24厘米的团扇扇面上密密匝匝整整齐齐的细竹丝多达700多根，扇面、扇柄、扇边的衔接浑然一体，宛若天成。由竹丝在扇面上编就的仕女、花鸟、鱼虫或别具风情，或鲜活生动，山水风景由近至远，错落有致，白色牛角的扇柄细腻光滑，扇面光泽如丝，薄如蝉翼。可这么精美的手工艺品却因为无销路，无恢复生产的资金，早已停业转产。为传承这门绝技，服务部当时承担了工具、原料和每人每月40块钱的工资，并收购他们的全部产品，龚扇的技艺由此得以恢复。此后，龚玉璋父子制作的龚扇曾多次出国参展并获奖，还作为国礼被赠与外国元首。

三百元拯救唐三彩这事是真的，而不是戏说。服务部开业没多久，曾从洛阳来过3个会烧制唐三彩的艺人。他们说，因为烧唐三彩没法养家糊口，就改种庄稼去了。听人说美术服务部能帮忙，就跑北京来试试，不知中不中……唐代洛阳是九朝古都，唐三彩就是在唐朝洛阳鼎盛时期创制的一种釉陶器物。三彩的说法有"红黄绿"、"红绿白"、"棕绿黄"等，唐三彩的色彩其实远不止这3种。它独特的"流串"工艺是在烧制过程中让釉彩自然熔流而取得的丰富绚丽、饱满自然的独特艺术效果。其造型分别有人物，动物中的马、骆驼、狮子、犬等，也有杯子、盘子、水盂、樽等器皿，其中以马最广为人知。唐三彩马的造型腿长，胸阔，臀肥，尾翘，器宇轩昂，骁勇俊美，仿佛诠释着盛唐时期的繁华兴旺。对于3位唐三彩艺人的请求，服务部拨出了一笔在今天看来微不足道，甚至不足一顿饭钱的款项——三百元恢复生产资金。正是这当年的一笔"巨款"，让唐三彩这门中华民族的传统技艺起死回生，福泽后人，并使得这一行业在今天能够发展到如此规模。

20世纪50年代中期，随着我国外交事务的日益频繁，共和国建设的日新月异，各界对工艺美术品的需求越来越大，全国各地的工艺美术品合作社纷纷建立。1956年后，各省、市纷纷成立工艺美术服务部。北京美术服务部开始与各地的工艺美术服务部和老艺人合作配合，征集到许多珍贵的工艺品。被毛主席盛赞为"很高明的艺术家"的北京著名象牙雕刻艺人杨士惠设计制作的大型牙雕作品《北海》，于1958年毛泽东主席访问苏联时，作为国礼送给了苏联人民。

20世纪50年代的新中国建设如火如荼，壮丽辉煌的十大建筑在北京拔地而起。这十大建筑中的一部分工艺美术装饰品和陈设品也是由北京美术服务部提供的，其中就有人民大会堂和中国历史博物馆大厅内悬挂的十二方大吊灯和八方大吊灯。人民大会堂建成后，国家主席休息厅内摆放的《东方巨龙花熏》是北京玉雕艺人夏长馨耗时两年设计创作完成

工美大厦
——你在我眼中最美

的。这件作品工艺精湛，被誉为"京都一绝"。特大型景泰蓝作品《金鱼荷花》一直被陈设在人民大会堂前厅。北京的景泰蓝具有釉色凝重、纹饰繁复、图案细密、富贵华丽等特征，被称为"京粹"。人民大会堂北京厅内的灯具、烟具、陈设品等也多为北京景泰蓝。作为新中国的首都，北京占据着天时、地利、人和，新中国的第1届全国运动会、第26届世界乒乓球锦标赛和其他许多大型国际赛事活动的奖杯、奖章、奖品、纪念品等也都是北京美术服务部提供的。

1959年，北京美术服务部更名为北京工艺美术服务部，并迁址到王府井大街200号，郭沫若先生书写了"北京工艺美术服务部"的匾额。

70年代至90年代　业内翘楚

历经3次翻建后，到了1972年，一座初具规模、有4层楼高的"北京工艺美术服务部"像一颗明珠镶嵌在了王府井这条金街上。经营面积近5000平方米的这座工艺美术殿堂，除继续承担国内外选礼的重任外，同时"出任"中国经营工艺美术商品"领头人"的角色。而之所以能够在同行业中担当老大哥的角色，是因为北京工艺美术服务部有自己的绝活儿。

绝活儿的关键是要有令人称绝的稀罕货，"货招人人不请自来"。20世纪70年代北京城里有田黄卖的商家凤毛麟角。田黄石只产于福建莆田的一条窄窄的山沟里。大者不过蛋卵大小，小的犹如黄豆般，量小价贵，以颜色区分有黄田、白田、红田、黑田四种，其中又以黄田最为珍贵，古书载有"大者如蛋卵，小者如豆，价值易金三倍"之说。好的田黄应该是细、洁、润、腻、凝、莹。据载乾隆皇帝每年祭祖都要供奉田黄石在供案中央，顶礼膜拜，祈求"福寿添"（福建寿山之田黄）。当时工美服务部的柜台里就摆着核桃大小的田黄，有顾客在当年曾花40万元买走过一块。还有一块足有墨水瓶大小，色泽金

1972年建成的"北京工艺美术服务部"

黄，是当时的镇店之宝。

我国四大名绣中的苏绣、蜀绣、湘绣在新中国成立后都得到了长足的发展，而北京工艺美术服务部无疑是几大绣品向国人乃至世界展示其风采的最佳舞台。传统有单面绣、双面绣；创新有双面异色、异彩、异针的三异绣，可以在同一底料的正反两面绣出构图、针法、色彩完全不同的画面，令人啧啧称奇。苏绣上那些活泼可爱的小猫令数不清的外国友人魂牵梦系、如醉如痴，纷纷从北京工艺美术服务部将它们"领养"回国。苏绣小猫的毛是将一根丝线劈为48根细丝后绣成的，小猫的眼睛是由十几种颜色的丝线镶色、和色而成，因丝线纯天然的色泽柔和透亮，所以技艺精湛的苏绣女绣完后，小猫的视线会随观赏者观赏位置的变化而移动，鲜活而生动。

绝活儿是一方面，货全是北京工艺美术服务部能广招八方宾客的又一"法宝"。"阳春白雪"者，有薄如蝉翼、轻若浮云的薄胎瓷器，用高倍放大镜才能细细观赏的微雕，锦纹繁复、高雅大气的雕漆，精致细腻、风格各异的地毯壁毯，盈握之间、大千世界的内画壶，浓漆重彩、气势非凡的金漆镶嵌，皇家风范、精美绝伦的花丝镶嵌，因材

工美大厦
——你在我眼中最美

施艺、饶有意趣的玉雕；"民间草根"者更众——民间玩具、竹草编织、绒鸟料器、绢花泥人……那时侯不光是北京人出国，选购礼品，外地游客到北京，逛王府井，差不多都得逛北京工艺美术服务部，就因为它东西全唄。

惠山泥人造型古朴浑厚，色彩明快，神态有趣，颇有乡土气息和古朴的民风，且价格便宜，所以很多年里，它都是北京工艺美术服务部的畅销货、常销货。

杭州织锦是以真丝、人造丝为主要原料的重纬多彩织锦。五代时，杭州出现官营丝织手工业。南宋时已有名人诗话的织锦，明清两代杭州织锦业以工巧闻名全国。1922年实业家都锦生在杭州创办都锦生丝织厂。北京工艺美术服务部当年经营的杭锦有1000余种，从门类上有织锦缎、古香缎和都锦生织锦3大类，从花色品种上的风景织锦、装饰织锦、丝织人物都有涉足。都锦生织锦运用纹工技术表现摄影、绘画艺术的人像、风景、台毯、靠垫、床罩，以及提花窗帘、头巾、披肩、室内装饰面料和少数民族袍料等。有些人家中现在还保存有都锦生的"领袖人像"及西湖十景《苏堤春晓》《平湖秋月》《三潭映月》等。它们或黑白织锦，或彩色织锦，或五彩织锦，或丝织画轴，艺术魅力各不相同，各有千秋。尤其是黑白织锦以白色真丝为经线，黑白两色人造丝作纬线，通过纹样组织变化，表现水光山色，雾雨阴晴，以及中国水墨画的艺术效果。

北京工艺美术服务部和福州脱胎漆器这一独特民族风格和浓郁地方特色的工艺品的"姻缘"不短。福州脱胎漆器品类之多在全国漆器行业首屈一指，大的如陈列在北京人民大会堂的漆画大屏风、彩绘大花瓶，有一人高、看上去有几千斤、实际上才35千克的脱胎仿古铜大狮等，小的如服务部经营的烟具、茶具、餐碗、盘、碟、罐等，共有十多类、多个花色品种。郭沫若生前曾做诗倍加赞誉，"天下谅无双，人间疑独绝"。福州脱胎漆器的最大优点是：光亮美观、不怕水浸、不变形、不褪色、坚固、耐温、耐酸碱腐蚀。福州脱胎漆器最大特点是：轻。福州脱胎漆器的一个显著特征是"色彩瑰丽，光亮如镜"，人们对它产生好感在一定程度上取决于髹饰上的丰富多彩。福州脱胎漆器在我国传统的朱、黑等漆色基础上以"真金碾泥为色"，即以真金、真银碾成金粉、银粉作调和料，解决了一般漆色干后变为黝黑、难与其他鲜艳颜料调和的困难，增加了蓝、绿、褐等多种鲜艳的漆色，且漆色经久不变；有的装饰还用上了刻银丝、刻金丝、螺钿、镶嵌等，使脱胎漆器更加精美。除了推光、描金、晕金、漆画、锦纹、嵌银彩、嵌螺钿、仿古铜等工艺品种外，还有赤宝沙、宝石闪光、仿彩窑变、磨漆画等多个种类。

浙江萧山花边是北京工艺美术服务部多年畅销的工艺品之一。萧山花边又叫"萧山万缕丝"，又名"万里斯"，是浙江著名传统手工艺品，因产于萧山区而得名。萧山花边是直接用线编结挑绣花边，在欧洲中世纪民间刺绣的基础上发展起来的一种抽纱刺绣，与我国民间抽纱技艺交融后工艺产生了重大变化而来，成为由千百人集体挑织而成的独特工艺品。萧山花边的制作一般有设计、刷配、挑绣、整烫4道工艺，近20个生产环节。花边中最名贵的是重工万缕丝，绣工们精工细作，运用多种针法处理好图案和花纹之间的穿插关系，做到有主有辅、有露有藏、层次分明、富丽大方。北京人民大会堂浙江厅的巨幅万缕丝花边窗帘、宁夏厅的花边窗帘和杭州机场国宾室《西湖风景》窗帘，都是萧山花边的代表杰作。1972年，为迎接美国总统尼克松访华，当时的萧山花边厂为杭州机场贵宾室绣制了大型西湖全景窗帘，高达6米，宽18米，用线12万支（约10千克），手工挑绣达3000多万针。1979年为北京人民大会堂浙江厅创制的窗帘，反映了桃花盛开、春燕飞翔的江南春色。萧山花边于1979年荣获国家金质奖章，成为北京人民大会堂和国外王室宫廷专用装饰品。1980年，萧山花边厂用中国画的构图形式为北京人民大会堂浙江厅、新疆厅、宁夏厅制作一批大型花边窗帘。1972年，周恩来总理出访伊朗，曾赠送给伊朗王后一块台布。绣这块台布用了几十种针法，6位女工用时半年绣成，薄如蝉翼，令人称绝，轰动了整个伊朗皇宫。在当时北京工艺美术服务部的柜台里，也有一块类似的台布，装在一个精美的盒子里，当时的标价就高达数万元。

"人绝"是当时北京工艺美术服务部的另一手绝活儿。一批手艺精湛的老艺人为当时的服务部挣足了面子。面塑艺人徐世英擅长人物的全身塑像，堪称惟妙惟肖。他为美国前总统里根夫妇创作的全身塑像现已作为国家一级礼品收藏于华盛顿展览馆。他还曾为世界著名指挥家小泽征尔等许多世界知名人物塑过逼真传神的全身像。裱画专家高晋斗先生技艺的绝妙之处在于能将支离破碎、褶皱残缺的古旧书画装裱修复得完好如初，堪称同行翘楚。青年售货员王志维在纸柜工作潜心钻研业务，钟情文房四宝，竟编写出版了一本《中国书画用纸浅谈》，从造纸的历史讲起，到书画纸的制作、选择、使用、保存以及鉴定，娓娓道来。后来，他又陆续编写了介绍笔墨砚的小册子。

改革开放给工艺美术市场带来生机，伴随着工艺美术内涵的不断深化，经营品种日益扩展，拓展经营势在必行。1998年7月经过重新翻建、焕然一新的地下4层、地上9层、建筑面积32000平方米的外向型、多功能、高效益的现代商厦英姿飒爽地展现于世人面前。至此，"北京工艺美术服务部"成为"王府井工美大厦"的前身。而今这57年的老店与全国各地几百个名优工艺品厂家建立了长期稳定的业务联系，经营百余大类、上万个花色品种，国际、国内名牌产品荟萃，素有"进一店而买全国"之美誉。

王府井工美大厦

今生

21世纪　凤凰涅槃

　　王府井工美大厦是北京工美集团的支柱企业，2000年，集团公司原常务副总经理李节兼任王府井工美大厦总经理，而这一"兼"就是十年。或许是王府井工美大厦的前身——北京工艺美术服务部成立之初就不是一个传统意义上的商店，而是隶属于工业系统的管理条块，又使后来的王府井工美大厦与京城商界"君子之交淡如水"。

　　十年磨一剑。兼任大厦总经理的十年，李节竭尽全力干好一件事，那就是带领王府井工美大厦走进京城商界。让现代走进传统，让传统牵手现代，李节为王府井工美大厦打开了另一道通往希望明天的大门。经营、物业两条线，从此，王府井工美大厦与京城商界有了对话的平台；向"菜百"学经营，向"翠微"学管理，把别人的优势变成自己的实力，"标杆法"使王府井工美大厦一路向前；加入商业联合会、老字号协会等商业社团，与商界名家广交朋友，为现代走进传统铺路架桥；利用一年多时间，通过了GB/T19001-2000idtISO9001:2000质量管理体系认证，老字号终于迈出了新步伐；商品品牌化，产品源头化，成为王府井工美大厦"真品真情"经营理念的有力支撑；"一四一"（黄金，工艺美术"四大名旦"玉器、雕漆、象牙雕刻、景泰蓝，画廊）主力商品架构的搭建，终使经营近百个大类上万个品种商品的王府井工美大厦有了"定盘的星"；而成立职工食堂，让职工吃上便宜、可口、卫生的

2007年，北京工美集团原党委书记、董事长郭泰来（右一）为王府井工美大厦原党委书记、副经理杜亚琴（左一）颁发质量管理体系认证证书

饭菜，则成为李节奉行"以人为本"的温暖诠释。

作为中华人民共和国商务部首批认定的"中华老字号"企业，王府井工美大厦于2006年12月19日捧回了这块烁烁放光的金字招牌。2007年1月31日，中国名牌管理委员会正式认定王府井工美大厦为"中国工艺美术第一店"，而李节也带着收获、带着喜悦、带着更大的责任和使命，走上了北京集团党委书记、董事长的岗位，从此，成为中国工艺美术行业龙头企业的掌门人。

眼下王府井工美大厦几乎囊括了全国各地的工艺美术名品名牌，诸如北京的景泰蓝、雕漆、华服，老北京布鞋，杭州的丝绸，景德镇的瓷器，宜兴的紫砂，云南的蜡染，广西的扎染、珍珠，苏州的苏绣，湖南的湘绣，新疆的和田玉，台湾的红珊瑚，海南的牛角雕……对此，王府井工美大厦工艺品商场总经理王晓红最有发言权。1998年，她以全国第一家的身份将台湾的红珊瑚名品"福人德"引进了王府井工美大厦；2004年至2008年，大厦每年举办象牙展，最夸张的一年仅《清明上河图》象牙桥一天就卖了25个，买象牙桥居然排起了队，一天的销售额高达40多万。"名品进名店"的主旨使得美国、英

工美大厦
——你在我眼中最美

国等18个国家的名品及12个国际品牌产品在王府井工美大厦有零售业务。实行"品牌末位淘汰制",王府井工美大厦每年都有一轮品牌的优胜劣汰,品牌经营的良性循环,使得王府井工美大厦1-4层6000多平方米卖场荟萃了中国传统工艺品、民间艺术品、现代工艺品以及著名品牌工艺品、旅游纪念和时尚礼品,近百个大类,数万种商品。每个楼层侧重不同的商品类别,犹如富贵典雅的四大名媛,魅力十足。

珠光宝气的王府井工美大厦一层以黄金为龙头,精心打造"双金(黄金、铂金)第一店"。曾经为开办上海世博特许商品旗舰店而不得不缩小黄金经营面积的王府井工美大厦一层黄金商场,2011年4月26日重装开业,亮丽示人。当大面积香槟色邂逅点点中国红时,装饰一新的卖场,处处弥漫着堂皇大气,传递着继承创新的双重美意。上千平方米卖场,云集了投资金、收藏金、文化金、首饰金、特许金五大类别,金银章、金银币、金银条、金摆件、金饰品、手工金等近万种贵金属系列产品,荟萃中国黄金、中国金币、中钞国鼎、华通铂银、国道黄金、汉金国际、中鼎国金、金一黄金、K-GOLD、唯有金等知名品牌。凭借北京工美集团一流的自主研发能力,王府井工美大厦文化收藏金、百姓首饰金和工艺礼品金尤令京城百姓另眼相待。"工美黄金"、"工美首饰"正在被越来越多追求品牌的人反复提起,名牌情结悄然从服装、化妆品、手表等向黄金市场渗透。

透过北京工美自主品牌展示区可一睹北京工美集团旗下企业自主研发的贵金属产品芳容。国家非物质文化遗产传承人程淑美领衔创作,采用传统手工剟胎花丝镶嵌工艺打造的金葫芦,名曰《福禄万代》。因纯手工制作一只就要3个月以上,订货单已然排到2012年。限量发行199个,越发增加了它的投资价值。《鸿运长久》执壶、《锦绣良缘》合卺杯、《吉祥门海》《九如金如意》……惊叹之余,人们试图从非遗、工美大师、故宫高仿、限量发行、吉祥寓意等关键词中,破译北京工美自主品牌的美丽密码。

1. 北京工美礼品厅

2. 工艺品商场四层

3. 工艺品商场三层

4. 工艺品商场二层

5. 工艺品商场一层

引领篇

工美大厦

——你在我眼中最美

一层卖场内专辟贵金属形象展示区，定期举行主题贵金属产品展，无疑是要增加"工美黄金"对京城黄金市场的导向。"文房"格局的黄金藏品屋选择了文人手边的常用之物——笔、墨、砚、盂、印、鼎及各式文玩、文房摆器，择以千足黄金，细细雕琢，变成一件件精美器具。加大宫廷特色贵金属产品的比重，为紫禁城"披金戴银"。而黄金首饰以旧换新、投资银条回购等一系列服务项目，则与正在打造的"北京服务"品牌一拍即合。各类纪念建党90周年、辛亥革命100周年金银纪念章、金银条，透着走过半个世纪的"中华老字号"捕捉重大题材的敏锐。

风情万种的王府井工美大厦二层是以经营工艺旅游品、高档首饰为特色，也是北京旅游商场的旗舰店。这里以经营民间剪纸、风筝、泥人、宫扇、京剧脸谱、中国结艺等工艺品，钻石、宝石、珊瑚等各类名贵材质的高档首饰，现代镏金、琉璃、水晶工艺品和旅游纪念品为主，兼营国外工艺品和旅游药品，中外驰名的同仁堂药店也落户其中。天津"泥人张"的泥人，剪纸之乡蔚县的剪纸，苏州特产檀香扇，杭州三宝之一的"王星记"绢扇，山西的布老虎，被称为中国第五大发明的浙江筷子，"谭木匠"木梳，当年给慈禧太后进贡的常州宫梳，千年历史的皮影，北京的"风筝哈"、"风筝费"，乃至来自世界屋脊的神秘藏饰，不必游遍大江南北、跋涉长城内外，就能将全国各地最有名气的民间工艺品一网打尽。钻石、珊瑚、红宝石、蓝宝石、水晶、珍珠、足银、琥珀、玉石、碧玺等各类材质的高档镶嵌首饰琳琅满目，汇聚了周大生、瑞恩、福人德、雯莉珠宝、海佛兰等众多品牌。大厦二层还有以木雕饰品、铁艺宫灯为主的"我家有鱼"，以梵音袅袅的木雕、琥珀、玉雕让人心动的"祖堂"，佛教主题的"金色宝藏"等主题情景店。

"特"色工艺荟萃的王府井工美大厦三层以经营中国传统工艺品为主，坚持"特、精、绝、独、名"。这里兼营古典家具和木雕艺术品，汇集了景泰蓝、漆线雕、仿青铜器、工艺刀剑、文房四宝、抽纱绣品、华服绣衣、名人字画、古玩旧货等众多品类的工艺品，为传统工艺品的集大成店。这里有被誉为中国"四大名绣"之一的苏绣、京绣盘垫（又称为"宫绣"）、汕头抽纱、杭州织锦、源远流长的文房用具、鬼斧神工的北京内画、华贵端庄的真丝华服、高雅秀丽的丝绸绣衣等琳琅满目。"独"家个性经营当之无愧，"别馆"里的木雕大气小雅，韵味不凡。同时，这里"名"品真迹收藏，商场荟萃了很多工艺美术大师的杰作，如景泰蓝《吉羊宝灯》是中国工艺美术大师张同禄的代表作，刘永森的景泰蓝《镇宅方鼎》被选为上海世博会北京馆藏品。

王府井工美大厦三层的"大礼、老礼和小礼"收入一向可人。大礼多以"三高"为标志，或高规格或高价值或高品位。以经营名人字画和中国传统水墨画闻名遐迩的三层工美画廊一向被施大礼者另眼相待。或许是与启功、沈鹏、刘炳森、韩美林等名家20年的"交道"最终发展成"交情"，工美画廊的名家名作贵在一个"真"字。从画家手里直达工美画廊，工美保真毫无秘密可言。苏适的行书、杨刚的骏马、杨瑞芬的工笔、张仁芝的荷花，一批已然功成名就的实力派作品，始终是工美画廊的座上宾。而在艺术价值与市场卖点之间寻找平衡，工美画廊透着生意人的精明。姚君刚笔下动感十足的马显然是画出了新名堂，花卉高手李铁、红梅名家张大林的作品都以"卖相特好"而令买卖双方欢欣鼓舞。溥、毓、恒、启，荟萃爱新觉罗家族四代作品是工美画廊的独家卖点，其中，启骧的行草因得启功亲传尤具皇家风范。中央美院、清华美院的众多教授、研究生也成为工美画廊新的客人。一批学院派画风的新人新作渐渐风靡，成为书画投资不可小窥的"潜力股"。

秀外慧中的王府井工美大厦四层主要经营和田白玉、高档翡翠、和田碧玉、玛瑙、琥珀、寿山石、青田石、鸡血石等几十种玉石材质制作的首饰、佩饰、摆件、文玩及印章，兼营象牙制品、瓷器陶器、紫砂茶艺。以保真保质保信誉，著称为"京城玉石第一店"的商场为所经营的商品提供玉石商品检测证、牙雕制品"收藏证"。工艺美术大师现场为

工美大厦
——你在我眼中最美

消费者篆刻印章。连年举办的"中国工艺美术大师玉石精品展",成就了"买玉到工美"这句流传坊间的经验之谈。敢放言"我们大厦的翡翠只有A货,绝没有B货和C货"的商家,北京城内能有几家?!

四层的礼品厅则是北京工艺美术行业传统工艺品"四大名旦"的"T台"。景泰蓝制品的金碧辉煌与欧美浓烈夸张的审美情趣一拍即合,而独具特色的"中国红"则轻而易举地为雕漆制品开出了周游列国的"护照"。随着各国对捕猎野生大象的封杀,现存象牙越发物以稀为贵。作为北京的"唯一",获准经营象牙雕刻制品的王府井工美大厦荟萃全国象牙雕刻各大流派、不同风格的笔筒、印章、手镯、项链、佛串

| 1 | 2 |
| 3 |
| 4 |

1. 世界小姐参观王府井工美大厦

2. 非洲联盟主席夫人一行在北京工美集团原常务副总经理、王府井工美大厦总经理李节(右一)等人的陪同下参观王府井工美大厦

3. 中国工艺美术大师李博生现场咨询服务

4. 2008年4月1日,国外使节夫人参加"中华老字号文化之旅"活动期间在王府井工美大厦参观

1. 2010年3月12日，国际奥委会市场开发委员会主席海博格（右二）在北京工美集团原党委书记、董事长郭泰来（右一）等领导的陪同下视察王府井工美大厦

2. 2008年北京奥运会期间，时任泰国总理沙马光顾王府井工美大厦奥运特许商品旗舰店

3. 2008年6月，时任中国轻工业联合会会长、党委书记，中华全国手工业合作总社主任陈士能（左二）在王府井工美大厦工艺品商场总经理王晓红（右二）的陪同下，参观"首届全国象牙雕刻精品百日展"

1 2
3

及摆件，弥足珍贵。玉雕则少不了北京各位玉雕大师的手笔。"文房一号"则是当代文人雅士的心灵皈依之处。

为全面提升"中国工艺美术第一店"，王府井工美大厦自2009年起，逐年、逐层进行装修改造。以不同类型的装修风格，凸显各楼层经营特色。一层选用香槟色点缀中国红、象牙白，衬托出工美黄金、铂金的璀璨；二层以黑色和咖色为主色调，凸现首饰的高档华贵和民间工艺品的传统特色；三层采用深红、白色相间的主色调，彰显传统工艺品的独特魅力；四层大面积使用黑色，点缀红色，显示出玉石的温润，衬托出翡翠的透彻。装饰一新的王府井工美大厦更加符合"中国工艺美术第

1
2

1. 2009年，北京工美集团原常务副总经理、王府井工美大厦总经理李节（前）在
王府井工美大厦成立55周年庆典上致辞

2. 2011年4月26日，王府井工美大厦工艺品商场总经理王晓红（右三）与厂商代表
共同签署《王府井工美大厦诚信价格公约》

1. 2011年4月26日，北京工美集团党委书记、董事长李节（左三）等领导参加"王府井工美大厦诚信购物季"启动仪式

2. 2011年4月26日，北京市工商局商标处处长张建设（右二）为王府井工美大厦总经理吴浩（右一）颁发"北京市无假冒商标示范商场"铜牌

一店"经营中高档产品的定位，营造了舒适的购物环境，使消费者快乐购物、享受购物。

同时，以总经理王晓红为首的王府井工美大厦工艺品商场领导层，坚持"以文兴商"，在国企与外企和民企间取长补短，全面推进商品品牌化、系列化、源头化的品牌发展战略目标，突出商场经营个性化、管理制度化、服务人性化和礼品中高档化。提出"买走商品，带走文化"的特色理念，在京城率先提出并实现珠宝类商品件件配有"身份证"——检测证书，并定期举办工艺美术大师作品展览、大师讲座、著名书法家笔会、明星签售等活动。2010年，王府井工美大厦工艺品商场的销售业绩较2009年增长了93.3%，创造历史最高水平，职工收入稳步增加、企业凝聚力不断提升，中国工艺美术"龙头"老大的交椅越坐越稳。

2011年，王府井工美大厦工艺品商场公开向打折说"NO"。随着上百个厂商在《工美大厦诚信价格公约》上郑重签字，王府井工美大厦"商品不打折工程"（促销活动除外）正式启动，货真价实，明码实价，将成为王府井工美大厦"真品真情"经营理念的又一美丽诠释。

荣获北京市工商局颁发的"北京市无假冒商标示范商场"称号，对王府井工美大厦是荣誉，对消费者是福音，而对王府井工美大厦总经理吴浩来说，却是挑战。无假冒当然有压力，纵使是无意的疏忽也不行。不打折就会很纠结，它会直接影响到销售额。但一诺千金的"中国工艺美术第一店"，一言既出，驷马难追。

近年来发展已渐入佳境的王府井工美大厦当然不会就此止步，做大、做专、做强既是北京工美集团有限责任公司党委书记、董事长李节对大厦未来发展的愿景和期许，也是北京工美集团"十二五"发展规划打造百亿集团的丰富内涵。以品牌经营为核心，整合产业价值链，打造工美产业航母，引领工美行业快速发展，为此，集团公司拟从商业板块统一使用"工美大厦"子品牌起步，分享、经营品牌资源。

走过半个多世纪的王府井工美大厦，已然成为金街王府井的标志之一，早在20世纪80年代就有"王府井大街一颗明珠"的美誉，更以"全国经营工艺美术最早的专营店、经营面积和市场规模最大的专营店、经营商品和服务享有权威认知度的专营店、经营工艺美术品类商品档次最高的专营店、最具中国文化特色的专营店、最具民族品牌的专营店及同行业中发展最快的专营店"7个第一而成为消费者心中的名牌。北京工美旗下，除了王府井工美大厦还有白孔雀艺术世界、德胜工美珠宝城、北京工美艺苑等商贸企业。以"工美大厦"为商业板块子品牌，统一旗下商贸企业名称，北京工美集团迈出品牌经营的新步伐。

2011年4月18日，集团公司召开党委扩大会，原则通过统一商贸企业名称方案，明确提出：集团公司旗下商贸企业，经营面积大于等于1000平方米（≥1000m²）的，对外统一更名为"工美大厦"，并在建筑外立面统一使用"工美大厦"VI识别系统标志；在媒体推广、内部文件中，各单位在"工美大厦"前冠以"地理位置或原店名关键词"加以区别，即：王府井工美大厦、白孔雀工美大厦、新奥广场工美大厦，德胜工美珠宝城为非综合类工艺美术商厦，因此，后缀业态特征，即：德胜门工美大厦黄金珠宝城。在统一名称的基础上，北京工美集团将全面启动统一形象、统一标准、统一理念等品牌经营系统工程。

不久的将来，入夜，倘若您驱车沿京城的环路行进，不时会有德胜门工美大厦黄金珠宝城、白孔雀工美大厦、新奥广场工美大厦、CBD工美大厦、天坛工美大厦及网上工美大厦（www.gmecity.com）等耀眼的霓虹灯在眼前划过，工美大厦——我"眼中的最美"，也将靓遍北京的四九城……

吴　汾　北京晚报高级记者。出版过《我爱青花》《只有自己度自己》《世珍拾羽》等作品集。20余年前开始涉足北京工艺美术行业的报道。

工美大厦
——你在我眼中最美

藏珍集萃　博古通今
——带您走进北京工艺美术博物馆

编者按： 北京工艺美术博物馆是北京工美集团有限责任公司投资创建的专业性工艺美术博物馆。中国工艺美术学会副理事长唐克美女士、故宫博物院书画部副研究员杨丹霞女士以及高级工艺美术师李苍彦先生都曾以专业的视角，对北京工艺美术博物馆的历史地位及馆藏书画、工艺珍品有过"美的品味"。

典藏艺术　传承文化

——北京工艺美术博物馆

唐克美

　　北京工艺美术博物馆是北京工美集团多年的文化心路，是工美人精心耕耘的经典艺术宝库。它不仅拥有跨越3000多年历史的精美藏品，上起三代，下括近今，同时珍藏了一批近现代工艺美术最珍贵、最有艺术价值的作品。由此北京工艺美术博物馆在社会和文博界呈现了独特的文化地位和很高的文化影响力。北京工艺美术博物馆的馆藏中既有珍贵器物，又有可观的名家书画，为我们勾勒出中国文化艺术发展的轨迹，将众多文化与艺术成就凝眸于瞬间。徜徉其中，人们被文化与艺术的气韵萦绕，浸润在美的享受之中。在欣赏古代中国人的精美艺术作品与近、现代艺术大师们的杰出创作的同时，令人感觉到如同身临今人与古人的对话之境，充分体验着现代文化与古代文化的交流，领略到了中国延绵不断艺术创造的伟大成就。

　　艺术创造历来都是作为记录和保持文化的一种重要手段。遍观人类社会的发展历程，无论人种、民族、信仰，任何一个文明，或者一个文明的任何一个特定的发展阶段，其发展的高度或进步程度，主要都是通过艺术创造水平体现出来的。艺术创造反映出某一阶段人们对客观世界的认知程度、知识的积累、驾驭知识的能力和范围以及文化素养的水准，等等。已有的政治、经济、科技、文化等的历史积累与发展成果最终总是要转化为一定的艺术表现形式，这是由于推动社会前进的动力——人在更高的精神层面的需要使然。古人在发现和利用自然界中各种各样材料的同时，用审美情感又对其中一部分进行深度加工和改造，将丰厚的文化内涵赋予其中，在言志抒怀、传情达意的同时，又提高了艺术观赏性。经过数千年的探索与完善，逐渐形成了玉器、象牙雕刻、陶瓷、铜器、花丝、雕漆、金漆、景泰蓝、木雕、刺绣等异彩纷呈的多个工艺美术门类。在这一历史过程中，北京逐渐成为近、现代诸多工艺美术门类的汇集与繁盛之地。

北京是自元朝以来中国的历代帝都，在文化的延续、保存、发展上占有特殊地位，发挥着极为重要的作用。作为新中国的政治文化中心，承担着文化的表现、文化的收藏、文化的传承以及文化的创新等历史使命。

白玉　河清有日　王树森设计　高17.5厘米　宽34厘米　厚6.5厘米

为配合首都的文化功能，北京工美集团有限责任公司（原北京市工艺美术品总公司）于20世纪80年代创建了北京工艺美术博物馆，在北京开创了企业办博物馆的先河，在创造工艺美术作品的同时，又不忘对前人已取得的文化成果及时地进行收集、整理与保护。北京工艺美术博物馆在侧重收集工艺美术类作品的同时，更突出了北京的区域特色，以收藏近、现代著名艺术家创制的玉器、象牙雕刻、景泰蓝、雕漆、花丝等精品见长，目前已形成相当规模，拥有25个门类的数千件藏品。通过系统地收集和展示，较为全面和客观地反映出近、现代工艺美术发展的状况与脉络，见证了新时期工艺美术繁荣发展的辉煌历程，同时也填补了国家、省市级博物馆在近、现代玉器、象牙雕刻作品收藏方面的不足。

　　馆藏中的近、现代部分代表了新中国成立以来中国工艺美术发展、成长的一个重要阶段。藏品反映出现代人在充分借鉴前人所取得的辉煌文化成就的基础上，又为其注入的新意，在创作内容、技艺手法等方面进行的突破。作品题材较以往大为丰富，纵贯古今，广撷博览，有花鸟人物（如《花好月圆》《木兰从军》），有诗文典故（如《昭君出塞》《赤壁夜游》），有景观（如《群山飞瀑》《新北京》），有时代形象（如《毛泽东像》《毛主席在十三陵水库劳动》《劳动模范》），有历史事件（如《飞夺泸定桥》），还有大量器物。通过结合现代科技成果，使传统技艺产生了质的飞跃，使艺术创作更加精美，大大增强了艺术表现力，出现了很多大题材的作品（如《长征》《新北京》等）。这些出自近、现代中国工艺美术大师之手的创作，秉承传统，却又匠心独运、自成风格，极富时代气息，成为记录近、现代北京乃至中国文化传承与发展的重要代表，为文化的沿袭和创新作出了重要的贡献。

　　从藏品中可以清晰地看到，在首都北京这一重要文化舞台上，近、现代工艺美术领域中涌现出一批卓越的工艺美术大师。他们一方面继承了传统工艺技法，另一方面又不囿于古法，在新的历史环境中，发扬传统工艺技法之长，将传统艺术与新文化相结合，开创了新中国艺术的新风，并

藏珍集萃　博古通今
——带您走进北京工艺美术博物馆

翡翠　三秋瓶　王仲元设计　高28厘米　宽12厘米　厚10厘米

玛瑙　龙盘　王仲元设计　高25.5厘米　宽28厘米　厚5.5厘米

铸就了近代工艺美术的优秀楷模。尤其是玉器、象牙雕刻等门类更为突出，例如，时称"北玉四怪"之首的潘秉衡，制作了一系列痕玉、压金银丝、薄胎等类型的作品，挖掘和重现了濒于失传的工艺绝技，其作品如白玉《薄胎盖碗》、碧玉《待月西厢》等，构思独特，造型古朴庄重，装饰清奇瑰丽，用料奇绝，给人以安定和谐的美感；牙雕大家杨士惠，引入新工艺，开辟新内容，使牙雕艺术更加鲜活和丰满。另外，玉雕方面还有与潘秉衡并称"四怪"的刘德瀛、何荣、王树森，以及王仲元、夏长馨等，牙雕方面还有杨士忠、杨士俊等。这些大师创作出了诸如白玉《河清有日》，珊瑚《百鸟朝凤》《六臂佛锁蛟龙》，玛瑙《龙盘》，翡翠《三秋瓶》，白玉《东方巨龙花熏》，象牙雕刻《踏雪寻梅》《老北京》《万古长青》等大量使人耳目一新的作品。这些作品为我们展现出新时代的艺术特色和文化之美，同时也为世人创造出宝贵的文化艺术财富，成为不可多得甚或堪称绝品的国之珍宝。

现在的中国，正处于社会经济飞速发展的时期，文化艺术的表现、继承与发展同样也要反映出今天的时代风貌，这也是当前构建和谐社会的客观要求。充分发挥和完善北京工艺美术博物馆作为沟通社会不同发展阶段的文化桥梁的功能，对于保持文化的延续性，启发新时期的文化艺术创作具有重要意义。

唐克美　北京工美集团有限责任公司原副总经理、高级工艺美术师。现任中国工艺美术学会副理事长，中国艺术研究院客座研究员，中国工艺美术终身成就奖获得者。

广大而精微

——北京工艺美术博物馆藏书画

杨丹霞

成立于1987年的北京工艺美术博物馆，在工艺美术界享有的至高地位和广泛影响是众所周知的。馆内琳琅满目的工艺珍品收藏，也时常为业界和大众所津津乐道，叹为观止。而不为人们熟知的，还有藏于馆内的大量书画作品。据博物馆负责人介绍，这些作品大多是20世纪50年代、60年代工艺美术研究所和原北京工艺美术服务部的老先生们主持搜集、庋藏的。而我十分荣幸地得到北京工美集团领导的邀请，对馆藏书画进行了初步的鉴定和研究，并在此基础上去伪存真，弃芜取精，将馆藏书画铨选编次成集——《北京工艺美术博物馆馆藏书画作品集》。鄙意以为，馆藏书画具有以下几个特点：

一、数量较多，保存完整

对于一个以收藏古今工艺美术作品为主要职能的专业博物馆而言，馆藏书画能够达到数以百计的水平，这是我在开始观摩和鉴定工作之前没有想到的。

看到这些藏品，不禁使我对工艺美术研究所时代的老先生们由衷赞叹和钦佩。没有他们高妙的艺术眼光、不懈的搜集、悉心的保护，特别是他们对于传统文化艺术的深刻理解和认同，就不会有我们今天所看到的一切。

我也对北京工美集团的各届领导充满了感谢，如果没有他们的重视和呵护，经历十年浩劫和改革开放经济浪潮的历次冲击，这批收藏不可能完好无损地呈现在世人面前，我也不可能获得这次宝贵的学习机会。

引领篇

藏珍集萃　博古通今
——带您走进北京工艺美术博物馆

41

二、时代跨度大，涵盖面广

从时间上看，馆藏书画不仅有为数众多的近、现代绘画和书法，也不乏古代书画，如明代大书法家张瑞图《行书五言诗》轴、清中期张照《行书临帖》轴、黄鼎《钱塘十八景图册》、陈书《花卉图册》、清末伊秉绶《隶书临尹宙碑文》轴等。

从绘画题材看，包含了自古及今的各种画科，如山水、人物、花鸟、蔬果、鱼虫、走兽、楼阁、肖像等。

从作品尺幅看，既有气势如虹的巨幅伟制，如徐北汀《双松图》约40平尺，也有小不盈尺的文人墨戏，如任伯年《花鸟杂画图册》。

从画家所属地域论，涵盖了近代以来各地的知名画派和众多知名画家，无论名气大小都有涉猎。如"海派"中的大至开派宗师任伯年、吴昌硕、张大千等，小至声名不彰如徐祯、胡郯卿等人；"京津画派"中的既有齐白石、溥儒、陈师曾、陈半丁等巨匠，也有洪怡、杨敏、陈缘督等后学，以及"新金陵派"中的宋文治，"长安画派"的石鲁、黄胄，"学院派"的徐悲鸿、吴作人、梁树年等。

即使是某个人的作品，也具有这种跨度大的特点，如齐白石，藏品中既有他刚到北京定居时期的，也有他晚年94岁的作品。新中国成立后，

张照　行书节临《争座位帖》轴
绫本　175厘米×51厘米

许多的成名画家在此留下了墨宝。很多都是在北京工美试纸、试笔时的即兴之作，从而造就了馆藏书画家名头齐整的特色。这种广博和包容，不仅体现了北京自20世纪初以来作为我国文化艺术中心不可小觑的强大号召力和凝聚力，也表明了北京工美始终秉持服务、交流的经营理念的成功。

三、不乏名家精品，面貌多样

一些书画名家的作品数量相对较多，质量较高，为后人全面地了解画家的生平，掌握其整体艺术风格提供了依据。如任伯年作为"海上四任"中名望最高、影响最大的画家，其早年作品本就传世不多，而早年山水画更是难得。馆藏的任伯年《仿元人山水图》轴是不可多得的任氏早年山水画。此作画于1868年，画家当时29岁，是定居上海前跟随任薰游学苏州时期的作品。作品参合"元四家"倪、黄笔意，构图高远，意境萧疏，笔墨劲利，充分显示出任伯年早期对前人传统所下的工夫。画幅上他还抄写了清湘老人石涛论画一则，不仅表明了青年任伯年仰慕前贤且期冀创新的心路历程，也为我们研究任氏早年画风渊源提供了资料。而他的另一件《花鸟杂画图册》也是较早期作品。从绘画的造型与笔墨特点看，反映了他一方面受任薰画风影响，一方面努力形成个人特色时期的典型面貌。作为50余岁盛年就去世的画家，其晚期不乏精品。任伯年作于去世前四年的《人物图册》、去世前一年的《玉兰双鸡图》轴等，分别代表了其风格确立后最典型的面貌。这些生动活泼的形象、爽利灵动的用笔乃至鲜艳而不失秀丽的赋色，即使与任何一家博物馆中的同时期任伯年作品去比，其水平和级别也毫不逊色。

又如吴昌硕，馆藏品不仅跨越了自19世纪80年代直至20世纪20年代吴昌硕绘画的大部分创作期，而且有些作品为研究吴昌硕的绘画渊源、风貌演变乃至艺术交游都有重要意义。吴昌硕作于1892年的《袁安卧雪

藏珍集萃　博古通今
——带您走进北京工艺美术博物馆

图》横幅，体现了他早期与苏州文人画家、收藏家顾澐的亲密交往和诗文唱和；作于其早年的《泉石灵芝图》，则借用绘画题材，直接提出了"人贵自立"，也是艺术贵在自立的主张与抱负；作于1915年的《国色国香图》，则记述了他以重金购藏"扬州八怪"之一的李鱓花鸟画，并抚临其意、研习不倦的经历。而作品中牡丹、兰草的表现技法，也确实体现出了其一生直至晚年，还始终保持着对"扬州八怪"写意花鸟的景仰与膜拜。

如同以往任伯年画赠《饥看天图》给自己一样，作于1921年的《饥看天图》是吴昌硕赠给好友况周颐的。况氏原名周仪，因避溥仪讳改名，广西桂林人，光绪五年举人，授内阁中书，民国后在上海以卖文为生。况氏精于词论，为"清末四大家"之一。此作以行草书笔法入画，寥寥数笔已神形俱备。而观其题字，则似有所指，隐讳地反映了文人对于时政和世态的不满，是吴昌硕晚年不太多见的亲笔山水人物画。

除了以上的早期名家之作外，20世纪30年代、40年代至新中国成立后，成名的画家之作也都各擅胜场。如徐悲鸿《竞爽图》中昂扬并立的双马、《泥牛图》中匍匐疲惫的水牛；张大千早年《写意仕女图》中温婉小巧的美人、《松下鸣琴图》中桀骜不羁的高士；齐白石

吴昌硕　饥看天图轴　纸本　77厘米×39厘米

《芭蕉小鸡图》中鸡雏的稚嫩，《端午图》及《名园第一图》中笔墨的老辣；宋文治《瞿塘雄姿图》及苏曼殊《华山胜迹图》的绝险；何海霞《雨余归牧图》和萧愻《观瀑图》的悠然；抑或是石鲁《猫石图》的变形怪诞、黄胄《少女与驴图》的欢快惬意、张善孖《丹山白凤图》的绚烂夺目、谢稚柳《峨嵋金顶图》的巍峨庄严、潘絜兹《梵王礼佛图》的神圣安详、徐北汀《黄河之水变清流图》的壮阔感人……举不胜举。

这些藏品勾勒出了中国近、现代书画发展的大致脉络，也展现出随着时代的推移和政治背景的变革，艺术家及其作品所进行的主动或被动的调整和变通，有的甚至于典型风格之外，也呈现了别样的题材与面貌。这一切，都为我们今后细致、深入的学术研究提供了宝贵的素材。

四、北方地域特点突出，弥补画史缺失

在藏品中，京津地区书画家的作品占了相当大的比重。据不完全统计，仅被录入《北京工艺美术博物馆馆藏书画作品集》的主要创作和生活在北方的书画家就有40余人。其中既包括民国初期活跃在北方画坛的各种社团成员、院校师生，如"中国画学研究会"、"湖社"、"松风画社"、"雪庐画会"、"北平艺专"等，也有1949年以后画院、美术研究所、大专院校的画家，其中，有不少代表性的画家，如提倡"文人画之价值"的陈师曾，北京美术专科学校的教授王云，任教于京华美专的萧谦中，跟随中国北方画坛的"广大教主"金城以崇尚宋元，研习古法为己任的"湖社"弟子，或再传弟子胡佩衡、李鹤筹、吴光宇、陈缘督、赵梦朱、陈咸栋、杨敏、陈林斋等，如主张"学我者生，似我者死"的"红花绿叶派"开创者齐白石以及他的得意弟子李苦禅、许麟庐、王雪涛、王铸九、胡絜青等，有先后拜于非闇、张大千门下学习人物、花鸟的何海霞、田世光、胡爽庵、俞致贞、刘力上、王学敏等，以及出身高贵的满清遗老遗少组织的"松风画社"成员如溥儒和罗清媛夫

妇、溥忻、溥僴、溥佺、溥佐、溥靖秋等。

有些画家传世作品多，如齐白石、李苦禅、胡佩衡、溥佺、溥佐等。有些画家传世作品很少，甚至有的人由于历史和政治的原因，画史对其生平事迹的记述寥寥无几。如画《巷中一景》的陈缘督，本是"湖社"的骨干之一，也是北平艺专的国画组兼任教授，具有较强的写生和传统功底，但各种近代绘画史文本有关他的记述甚少。特别是新中国成立后，由于徐悲鸿的艺术主张得到了全面的张扬与贯彻，而陈缘督因为曾经加入过国民党政府文化运动委员会下属的北平美术会，且因反对徐悲鸿要求国画学生先学两年素描，成为1947年北平艺专"三教授罢教"的当事人。虽然新中国成立后他也参加了一些艺术活动，创作了一些水平较高的作品，但已被排挤在"主流"之外。因此，以往研究近当代京津地区绘画史的学者对其生平、艺术鲜有论及。类似这种遭遇的还有当时被认为是"去国投敌"的"渡海三家"中的溥儒、黄君璧以及自"反右"运动就饱受迫害的陈半丁等。

近年来，虽然随着意识形态因素在绘画研究上的淡化，学界开始关注上述被忽略的书画家，但由于史料的缺失，有些书画家还是有被湮灭在历史长河中的危险，而馆藏品恰恰为我们提供了

陈缘督　巷中一景图轴　纸本　106厘米×35厘米

齐白石　名园第一图轴　纸本　33厘米×33厘米

了解和认识他们的可能。如溥儒的夫人罗清媛，她的作品传世甚罕。有研究者说其精于山水，为溥儒代笔可以乱真。今观馆藏罗氏所作《枫落吴江图》，确如前人所说，其画风淡雅，用笔尖劲，走的也是"北宗"山水的路子，与溥儒十分接近，惟笔力稍逊，书法款题也带有明显的闺阁气，与溥儒亲笔画作相较，差距还是不小的。值得高兴的是，署款下钤盖的"淑嘉"朱文方印，使我们得知了以往画史中从未提及的她的别字，再次显示出在众多馆藏书画中并不显眼的此作，在学术上的重要价值。

又如溥靖秋，本是大书画家、古琴演奏家溥忻之妹，家族姊妹大排行十五，独有的艺术天分和家庭熏陶，造就了这个以蝴蝶为主要表现题材的女画家。但是，即便是收录爱新觉罗家族成员生平事迹史料最全的一些专著，也对她的记载付之阙如。她的作品传世者以小幅册页、扇画为主，且数量极少，而北京工艺美术博物馆所藏其《和平万岁图》轴本已是广至8平尺的巨轴，而令我喜出望外的是，居然在馆藏中赫然发现了她的12平尺的《百蝶图》屏。这套创作于1944年的作品，可以说是溥靖秋倾其所能的代表作。图中描绘繁茂绚烂的四季花卉，翩跹起舞的蝴蝶，极尽精微巧妙，即使是以画蝶闻名的溥儒也必自叹弗如！

这些曾经风光无限但如今不为世人熟知的艺术家，是他们造就了上世纪北京地区画坛的辉煌，但由于种种原因他们中的不少人在生活中受到了歧视或冷遇，而美术史研究者的冷漠、无知更会造成不可挽回的损失。他们的艺术本也是中华艺术之园的奇葩，是绘画史上的一个组成部分，在提倡尊重传统文化艺术的今天，在当今弘扬艺术家个性道路的新世纪，承接和延续那些被断裂的历史链条，使每一位艺术家都能如恒星一般熠熠生辉，已成为美术史研究的一项急迫而艰巨的任务。而北京工艺美术博物馆的这些收藏，为这种传承提供了可能。这是多么令人欣喜而安慰的事啊。

无论是倾情于"海派"书画的大气磅礴、跌宕雄强，还是寻味于"京津画派"的典雅蕴藉、温婉精致，抑或是拜服宗师名家的恢弘气度、钦佩后学晚生的不输前贤，北京工艺美术博物馆馆藏书画为人们徜徉在这美的长河里提供了舟楫。借此，我们可以溯流而上，不仅为我们民族艺术史上那些才人、名品而欢喜赞叹，而自豪自信，更令我们对这些珍品的搜集者、坚守者生出无限的敬意与感谢。并企盼通过不懈的共同努力，令我们民族文化的命脉得以永世延续、发扬光大，以至无穷远的未来。

杨丹霞 故宫博物院副研究员，书画鉴定专家。在故宫博物院古书画部从事书画研究、鉴定工作近30年，陆续发表《中国书画真伪识别》《近代名家书画真伪辨析》等专著和论文。

美的品味

——北京工艺美术博物馆藏工艺珍品

李苍彦

馆藏跨越5个朝代、3000多年历史的北京工艺美术博物馆，尤以收藏近、现代著名工艺美术大师的杰作而闻名。既有人称工艺美术"四大名旦"的牙雕、玉器、景泰蓝和雕漆，也有漆器、书画、瓷器、青铜器、竹木雕、花丝镶嵌、刺绣、民间工艺品及奥运纪念品。25大类近4000件藏品，代表着近、现代中国工艺美术的最高成就。我曾出版《美的品味》一书，洋洋28万字，却只"盛"下了馆藏的百分之一。如今要在几千件"玩意儿"中挑出几件与读者分享，决断之难实如"鱼与熊掌"。

艺海拾珍，挂一漏万，只有身临其境，与馆藏珍精品亲密接触才能品出真正的美味。

一、白玉《东方巨龙花熏》

经常接触玉器的人常感慨"美玉可遇而不可求"。1957年，琢玉艺师夏长馨等人觅得一块百年未见的，产于新疆和田的，高、宽各约7寸（约合23.33厘米），重40多千克的"高白玉"，乐不可支。

艺人们决定下工夫创作一件具有时代意义的艺术品。设计工作以夏长馨为主，莫英、尚文玉、李焕亭等参与，筹谋创作，经反复切磋、讨论，广泛征求各方面意见，历时半年多几易其稿，最终确定主题是古为今用，设计原则是"高料"精用，制作原则是精益求精，创作一件《东方巨龙花熏》（简称《龙熏》），琢饰赋予新意的传统纹样，表达出波澜壮阔的现实生活，歌颂伟大祖国。这在当时是一种很新的尝试。

造型模式确定后，设计者参考、吸收炉、鼎造型美的形式，设计出

"花熏"：由顶、盖、熏身与柱、底足等组成，在用料上沿用了掏空补空的技巧，即：在原料上用铡铊取出熏身，然后在熏身内侧"挖"出半圆形的熏盖，再从半圆形的熏盖里"掏"取底足。熏顶与顶之间，熏身与立柱和底足之间，琢制出螺丝扣旋接组合，这样，使7寸多的料做出高34.5厘米、宽32厘米的花熏。"小料"做出了大件"活"。

1959年，《龙熏》完成了，整体造型从上至下各部分之间的比例十分精确、协调。由于顶、足的比例和谐呼应，使宽大、丰满的熏身显得平稳、庄重。

艺人把花熏叫做"东方巨龙"，为了展示这一主题，设计师在熏的顶"钮"上琢出立体蟠龙，与之相适从的有熏身上的夔龙，连接柱上有被人说成"龙生九子不成龙"、似龙非龙的水狩，自上而下，一气贯通，有主有次，宾主得当。

《龙熏》上画龙点睛之笔在熏盖上。熏盖的镂空花卉纹样是以富贵牡丹为主的12种花组成的花坛，可谓花中有花，繁而不乱；争芳斗妍，艳而不俗。众香国里簇拥着4个开光，开光内各有一位中国历史上伟大的科学家的肖像，依次为张衡、祖冲之、僧一行、李时珍。

百花靠阳光雨露而盛开，历史依科技开发而进化。以吐蕊怒放之花敬献给为祖国科技事业奉献的人，正是东方巨龙腾飞的动力。《龙熏》上这一重彩浓抹之笔，得益于郭沫若。时任中国科学院院长的郭沫若到北京玉器厂参观，恰逢夏长馨设计《龙熏》上的开光之时，原拟在开光内安排花木兰等"巾帼四英"，犹豫不定，夏长馨向郭沫若求教，郭沫若提出，在开光内镌以中国历史上四位科学家——张衡、祖冲之、僧一行、李时珍的人物肖像为好，这样才能与东方巨龙之意相合，以示玉熏高洁与不朽。郭沫若还指示科学院图书馆负责提供肖像资料。夏长馨采纳这一建议后，由李焕亭精心琢制完成，这才有"郭沫若雪中送炭，巨龙熏锦上添花"一段佳话。

与熏盖上相呼应的是熏足，在花团锦簇中安排了四幅传统形式的

"火轮、板锄、宝剑、书卷"纹样，寓意工业、农业、国防、教育全面兴旺，巨龙才能腾飞。

白玉《东方巨龙花熏》完成后，受到中共中央、北京市政府的表扬，曾在北京人民大会堂主席休息厅内长期陈放。

白玉　东方巨龙花熏　夏长馨设计　高34.5厘米　宽32厘米　厚22厘米

二、珊瑚《六臂佛锁蛟龙》

在北京工艺美术博物馆珍藏着一件以惩治邪恶，以至套上镣铐法办的蛟龙为主题的杰作——珊瑚《六臂佛锁蛟龙》，又叫《多臂佛锁蛟龙》。这件作品创作于1958年，由琢玉艺术家、北京玉器"四怪一魔"之首潘秉衡设计，"玉魔"刘鹤年制作。作品高24厘米，宽26厘米，厚12.5厘米。

在珠宝翠钻类中，红珊瑚被列为贵重的有机宝石，在佛典里被列入

珊瑚　六臂佛锁蛟龙　潘秉衡设计　刘鹤年制作　高24厘米　宽26厘米　厚12.5厘米

七宝之中。我国很早就采集珊瑚，珊瑚中以红色为最佳，采集到好的红珊瑚很不容易，因而琢玉艺师得到珊瑚料时，无论设计、施工都精益求精。纤巧玲珑是制作红珊瑚作品的最突出特点和要求。

珊瑚《六臂佛锁蛟龙》之所以列为国宝级珍品，令观赏者百看不厌，与其所表达的借古颂今、正义战胜邪恶这一永恒的主题有着极为密切的关系。

在历史上，黄河是中华民族的摇篮，是母亲河。但是，这一民族的摇篮又时常把篮底倾翻，把千百万人推进洪水的漩涡。人们把她视为害人的蛟龙。新中国成立后，人民政府把治理黄患这条"蛟龙"列入了重要议事日程。翻阅1958年的报纸，映入眼帘的几乎天天有治水的报道。正是在这种"六亿神州尽舜尧"的时代环境中，工艺师潘秉衡设计出了珊瑚《六臂佛锁蛟龙》。

珊瑚《六臂佛锁蛟龙》的原料形状，是一枝带杈的珊瑚，作者将上方截下一段分有两小枝的杈，把这一段设计成双手被并拢锁住的蛟龙上臂，将分开的枝杈琢成一前一后富有动态的蛟龙的腿，同时通过珊瑚料的主体抠起一条环环相连的长链，一头牵着被锁住的蛟龙，另一头攒握在佛的手中。六臂佛的头微侧注视着蛟龙，降妖镇邪，神态安详自信，而佛的六臂手中各持法器，繁而有序；那蛟龙被锁，一副服服帖帖的样子，双手并拢似在作揖求饶。作品中的佛与蛟龙神态相互呼应，一个胸怀正义，镇定自若，凛然正气，无所畏惧；一个萎萎缩缩，形似屈膝，连连求饶，一副可怜相。展现给观者的，是正义必定战胜邪恶。

珊瑚《六臂佛锁蛟龙》从问世到今天，依然神采奕奕，其主题思想至今仍有着积极的现实意义。那"蛟龙"其实是"恶虫"，联想改革开放的今天，不是还有为非作歹的所谓"龙"在作孽吗？佛是正直、真善美的化身，揭露出一个个蛀虫，绳之以法的是不齿之徒、不孝子孙。这正是我们今天再赏析锁蛟龙的积极意义之所在。相信，正义与邪恶之战是长期的，蛟龙闹腾不止，六臂佛锁蛟不停。

三、象牙雕刻《弥勒打呵欠》

　　1962年，中国工艺美术大师、著名牙雕艺术家杨士惠以弥勒佛为题材，创作了一件象牙雕刻《弥勒打呵欠》，这件作品人们有时又叫它《布袋和尚》《皆大欢喜》《打哈欠》《笑佛打哈欠》等。杨士惠的牙雕技艺精湛，是牙雕艺术的领军人物，被毛泽东同志称为"很高明的艺

　象牙　弥勒打呵欠　杨士惠设计制作　高20.5厘米　宽11厘米　厚9.5厘米

术家"。

牙雕《弥勒打呵欠》，是将一段牙料竖用雕刻而成的弥勒佛立像。作品高20.5厘米，宽11厘米，厚9.5厘米。正在打呵欠的弥勒，两臂伸展举起，右手的拇指"虎口"上还带着一串念珠，双耳垂肩的月巴头往后仰，撑大的鼻孔和张圆的大嘴，做深吸气状。弥勒的整个身躯随着高举起的两条胳膊也往后微弯，这样，他那浑圆的双乳和腆起的大肚皮显得更加挺凸。由于他使劲地吸气使肚子鼓胀，肚脐眼被挤得朝下，肥大宽绰的裤腰连同腰带都似乎要脱落下去了，那短粗的双腿也跟着打呵欠的动态稍向后倾，好一派舒爽的姿态。弥勒打呵欠悠然自得的样子，被刻画得入骨三分。

作者在弥勒的身侧和身后，着意配置了一棵菩提老树，其用意明显，一是为了最充分地利用牙料，使牙料物尽其用；二是为了"显活"，即展示出精雕细刻的技巧；三是为了增强作品的稳重感，从作品整体构图上看，站立的人物配置上老树，显得敦实厚重；四是为了强调对比，人物乳、肚的光滑润洁与树干的古拙、枝杈的繁叠，形成光与涩、杂与纯、疏与密、动与静以及质地、纹理、空间感的对比，增强了艺术感染力。

凡是观赏到《弥勒打呵欠》这件牙雕作品的人，几乎都会发出会心的微笑。虽然知道这是弥勒佛，但直接感觉到的，却是日常生活中经常出现的多么熟悉的场景啊，就如同街坊邻里那位和蔼可亲的胖大爷，或是亲戚好友家中的胖哥肥叔。打呵欠的弥勒，是佛，更像是普通百姓中的一员，平和自然，仪态随意。杨士惠塑造的这尊笑佛，与其说是一尊梵界的"佛陀"，毋宁说就是我们身边的一位"胖老头"。

四、象牙雕刻《刘海戏金蟾》

象牙雕刻《刘海戏金蟾》是著名牙雕大师杨士惠的女弟子——中国

藏珍集萃　博古通今
——带您走进北京工艺美术博物馆

工艺大师时金兰创作于20世纪60年代的作品，高14.5厘米，宽8厘米，厚3厘米，现珍藏于北京工艺美术博物馆。

在"刘海戏蟾"的造型艺术中，一般只有三种物体，即三条腿的蛤蟆，串起的铜钱和喜笑颜开、手舞足蹈的活泼顽童，也有的根据画面需要再衬以祥云、蝙蝠，更增加鸿运、富贵的寓意。

牙雕《刘海戏金蟾》是立体造型，采用了世人喜闻乐见的艺术形

象牙　刘海戏金蟾　时金兰设计制作　高14.5厘米　宽8厘米　厚3厘米

象，但又适宜于象牙材质的表现手法。此件作品用一段象牙料，造型丰满严谨，有密不透风之势。刘海双手舞动着钱串，一足蹬立正在吐钱的蟾背上，周边祥云缭绕，其人物、动物、植物、云朵的疏密、虚实、宾主、起伏，有动有静，动静有序，收放得体，和谐统一，极富有浪漫情调。塑造出的少年刘海饱满的面相正春风得意，喜气盈盈。作品上方是一枚枚圆圆的钱币，连续重复产生一种运动感，似灵芝卷曲成弧圆形的朵朵祥云。刘海那袒露着的胸脯和滚圆凸起的肚皮以及作为衬景的小花，几乎处处突出了"圆满"的创意。作品上下部分以刘海抬腿跷起的"足"为中心点，从构图到细部的圆圆满满、一"满"一"足"，给观赏者以圆满、丰满、饱满的满足之感。作者用有形的造型，映射出意念上的一种崇吉趋祥的心理。

牙雕《刘海戏金蟾》很好地表达了其吉祥文化的寓意：一是那朵朵飘浮的祥云，其"浮云"谐音"福运"；二是那枚枚钱币飞舞在祥云中，钱币为财，"云"与"运"暗寓"财运"，祥云朵朵、财运绵绵；三是那祥云似灵芝的造型，"灵"与"云"，暗寓"凌云"，刘海与金蟾在灵云中洒钱于人间，寓意刘海洒钱的志向；四是作者特意在祥云中设计了几株花卉，寓前程（钱呈）似锦（繁花）。

五、雕漆《周夔耳瓶》

雕漆《周夔耳瓶》是一对，高82厘米，宽49厘米，厚42厘米，现珍藏于北京工艺美术博物馆，1957年完成。作品以花木兰替父从军的故事为主题，在仿青铜器造型的大瓶上，将花木兰的故事情节按顺序精心剔刻在上下开光的八幅连环画面上，成为新中国成立后，雕漆艺术最具代表性的里程碑式精品。

雕漆《周夔耳瓶》是模仿商周时代青铜器夔耳瓶造型，全部图案纹样由老艺人孙彩文设计，由孙彩文、董茂林、杜炳臣、刘金波等10多名工艺师各尽所能，合作雕刻完成。

雕漆《周夔耳瓶》的上端两侧各缀一个兽面耳，每只瓶分四面，两只瓶上共雕有木兰从军故事情节的图案八幅，分别是"木兰坐织"、"替父从军"、"冬夜巡营"、"饮马黄河"、"班师回朝"、"凯旋省亲"、"巾帼本色"、"同伴喜惊"等。通过单幅成图而又连续成画

雕漆　周夔耳瓶（对瓶之一）　孙彩文设计　孙彩文、董茂林、杜炳臣、刘金波等制作
高82厘米　宽49厘米　厚42厘米

的形式，表现了花木兰从出征到还乡的种种情节。每幅图案在突出人物举手投足动态的同时，细微刻画周围环境，一桌一几、一屏一窗、一草一木、一树一叶等都须发入微、一丝不苟。例如"凯旋省亲"，花木兰风尘仆仆，还未脱去衣甲戎装，进入厅堂时，老母惊喜地丢下拐杖，抓住女儿就往床榻处拉，木兰双手挽娘亲似在诉说离别情。父翁跟在木兰身后捋着胡须似一时不知说什么话才好，小弟弟挽袖提壶忙着为姐姐斟茶。人物之间的亲情关系处理得相互呼应。这幅图案虽然基本上运用的是传统雕刻技法，但人物的刻画、室内陈设及透视效果真实得当，尤其是在画面的左下角，剔刻有两盆盛开的牡丹花，花盆、花头和花叶以及左上方敞开的花窗均采用了深浮雕的"镂空"刀法，这种刀法，是史无前例的在雕漆工艺中的大胆探索。这敞开的花窗与盛开的牡丹不仅在技法上有了创新，在画面的构图上，也增添了透灵喜气的效果，又避免了沉闷，和右上方屏风与右下方绣墩遥相呼应，形成画面整体既稳重又富有变化的效果。

在瓶的边缘仿雕藤、竹缠护，上有百花头，空地上用牡丹串联，两正面瓶口有花卉纹样，瓶底雕有八字码图。为了使雕刻时运用镂剔技巧，瓶上的光漆达250道，厚约1.5厘米。

为了提高雕漆艺术的表现能力，北京雕漆艺师们在20世纪50年代中期，主动向木雕、象牙雕刻等行业学习，在雕漆上运用了深浮雕、立体圆雕的技术，并根据雕漆的特点，采取了近似镂雕的"掏空"手法，对雕漆工艺做出了开创性的发展。

六、雕漆《镂空花篮盘》

雕漆《镂空花篮盘》的创作者是著名雕漆艺术家杜炳臣，这也是他的代表作，先后制作出多件，现珍藏于北京工艺美术博物馆的雕漆《镂空花篮盘》，直径38厘米，厚5厘米。

　　杜炳臣耗尽20年的心血，研制成功了镂空雕技艺。镂空雕技巧在雕漆工艺品的应用，是传袭近2000年的雕漆技艺的重大历史性发展和突破，它不仅具有细腻丰满的装饰效果，而且极大地增强了雕漆工艺品的立体感、空间感和艺术感染力。

　　雕漆《镂空花篮盘》是率先由杜炳臣研制创作的，其制作方法与一

雕漆　镂空花篮盘　杜炳臣设计制作　直径38厘米　厚5厘米

般雕漆工艺品相同的是，在胎型上一遍遍地髹（涂）漆液，一般的制品需要涂饰几十遍或一百余遍即可，而镂空盘却要在胎型上涂五六百遍，尤其是在正圆形陡起边缘的盘子中央，采取横式、竖式两种髹漆方法使漆层渐厚，在盘的中央部位有意识地增加髹漆的层次，让中央的漆层明显堆厚呈凸心状。盘子的漆采用纯银朱大红漆。每次涂漆层时间大约要间隔4-5个小时，为的是使漆层阴干，此外为了保证漆质，在髹漆过程中还要"蹲漆"，即每隔几天要停止一天，制作周期非常长。

雕漆《镂空花篮盘》以黄铜做内胎，上涂约600层大漆后，趁它半干未干时绘上图案，用特制的刀具进行剔、雕、片、刻。盘中以一只仿竹编的提梁篮和各种花卉组成主体纹样，竹篮的提梁上有萦饰花结后飘曳的丝带。竹篮里装满花卉，有的含苞欲放，有的吐蕊盛开；牡丹、芍药、桃花、梅花、菊花、萱草、海棠等四季花卉妩媚招展，婀娜多姿。花篮的背景刻有工细精致的锦纹，宛若一块锦缎映衬着斗妍的群芳。圆盘的周边雕刻着细小滚圆的珍珠球。花卉各具特色，生机勃勃，彼此叠落聚散呼应，花与花之间，花与叶之间的层次有条不紊，掺缠不杂，交叉不乱。艺师在动手雕刻之前，已是胸中自有百花在，手上施艺巧安排。

雕漆《镂空花篮盘》以红色寓示红红火火，以圆形和填充丰富纹样的盘体寓示圆圆满满，以各种花卉寓意富贵满堂、幸福长寿、花好月圆、世代传延。

七、花丝镶嵌《福如东海》

以花丝镶嵌为主，多种原料、多种工艺相结合的作品《福如东海》，取材于民俗祝颂语"福如东海长流水，寿比南山不老松"、"寿同山峦高，福共海天长"等，这件作品是以优秀的传统工艺精心设计制作完成的艺术精品，现陈列于北京工艺美术博物馆。

花丝镶嵌《福如东海》，表现的是一尊安详自在盘坐在水浪涌浮的莲花瓣上的观世音菩萨，浪花下衬托的莲花座四周，镶嵌有26个玉佛，最下层是嵌银丝的木座。在盘坐的观世音周围，飞舞着五只用花丝编织的蝙蝠。整件作品高70厘米，宽50厘米，厚30厘米。

花丝镶嵌《福如东海》的设计是在吸取传统的基础上，充分发挥花丝镶嵌工艺特点，从主题出发，选取各具特色的原材料，创作出全新的形式，并使形式与内容统一和谐。作品独辟蹊径，请观世音乘坐在宛若一叶小舟的莲花瓣内，这既不失传统又有新意。尤其是用观世音下垂的

花丝镶嵌　福如东海　曾建中设计　高70厘米　宽50厘米　厚30厘米

衣袖及佛珠遮掩莲瓣的外形和瓣脉的曲线，避免了板滞，使之生动而富有变化，也衬映出观世音虽然身在浪尖上，仍泰然处之、心平气静的修身养性之高深。

观世音菩萨手持的是红色玛瑙串珠，其色调与作品整体既和谐又有变化，与上下相呼应。右手手心向上托一净水瓶，又叫甘露瓶，直口腹大，"瓶"与"平"谐音，取"平安"意，寓吉祥。观世音的头部后边有一"项光"，环状的项光上嵌有华丽繁缛寓意福寿绵长的吉祥之物。观世音的两旁是形似如意的云纹，云中飞翔着五只蝙蝠。人们将蝙蝠视为吉祥物，是因为"蝠"与"福"谐音。在民间艺术的传统造型纹样中，以五只蝙蝠谐音表示有"福、禄、寿、喜、财"五个方面的福气。作品以祥云和蝙蝠寓意幸福如意、绵延不断、无尽无际。设计者下意识地将蝠、云安置在佛像的两侧，其谐音更是"福运"降临之意。作者将中国民俗中的吉祥纹样与佛像造型紧密连在一处，将其喻义融为一体，既不失传统又融入新意，可见设计者之匠心独运。

《福如东海》的题材内容寓意深邃，在造型上，下宽至上逐渐呈宝塔式，构图平稳安定中有变化；在色调上，下浓重上亮丽，对比中突出了主体造型；在用料上，将木、玉、金、银、仿牙骨运作得恰到好处；在技艺处理上，静态的观世音与涌动的浪相映相衬，静中有动，动中有静，把观赏者带入了美的意境。

李苍彦 高级工艺美术师、中国艺术研究院客座研究员、《北京工艺美术》主编。自1984年以来，出版、编辑过30余种有关工艺美术方面的书。

藏珍集萃 博古通今
——带您走进北京工艺美术博物馆

北京首检站
首饰行业的『最高法院』

◎ 段体玉

　　18K金、铂金900、钯金950……这些消费者耳熟能详的首饰纯度今天已被广为接受，却很少有人去深究它们背后的来历。作为全国第一家首饰质量监督检验站，北京工美集团下属的北京市首饰质量监督检验站（简称北京首检站），同时也是国家首饰质量监督检验中心，填补了我国首饰纯度命名、检测方法等行业标准的历史空白。

　　成立23年来，北京首检站不断制定新标准，更新旧标准，凭借着众多国际上的一流质检设备和多名行业内的"明星"技术人员，已在业内拥有绝对的话语权，堪称我国首饰行业的"最高法院"。

应运而生　填补行业空白

我国首饰行业的真正兴起是在改革开放之后，富裕起来的普通百姓开始琢磨着置办点金银首饰等"奢侈品"，但首饰的真伪优劣谁来鉴别、判断的标准如何，我国一直都处于无标可依的尴尬局面。举个例子说，想买只足金的金镯子，上海厂家和北京厂家的产品名称一样，但真正的金含量却可能有所差别。

何为标准？通俗讲，它就是法度，是标尺，是行业普遍遵循的技术规范。要改变首饰行业的混乱状况，就必须有规范首饰行业的质量标准。

就这样，北京首检站于1988年应运而生，负责依据首饰行业的技术标准，承担国内外的金、银、铂、钯首饰，珠宝、玉石、钻石首饰以及工艺品的监督检验、仲裁检验和委托检验等任务，出具具有法律效力的报告、证书或证明。过手的都是真金白银，出具的是白纸黑字，北京首检站始终将"公正、科学、准确、规范"的质量方针视为自己安身立命之道。

成立之初，北京首检站面临的第一个重要历史任务就是制定首饰行业的第一个国家标准——《首饰含金量化学分析方法》。当时业内已有18K、24K等纯度，但只是沿用千百年的行业习惯，并无文字性统一规定。你说你的是24K金，我测着只有22K，可能就是因为检测方法不太一致；在签订贸易交易合同时，也没法予以简便准确地描述，给双方留下隐患。当时国际上这方面的标准还在讨论之中，也没有现成的条文，北京首检站参考了有色金属行业火试金的化学分析方法，又综合行业惯例，制定了《首饰含金量化学分析方法》：固体的金首饰以铅皮包裹，放入可吸收铜、铅等其他贱金属的灰皿中，在高温下熔为"熔体"；铅等杂质的熔点比较低，会被灰皿捕捉和吸收掉，只留下冷却为白色"金

北京市首饰质量监督检验站（国家首饰质量监督检验中心）

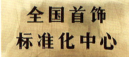

扣"的金银；再以酸溶银，只余下纯金，称重后，与原始质量比较，同时以标准金作参考扣减系统误差，得出相对准确的金含量。这一方法规范统一了各项操作步骤、细节以及添加物的质量，尽量避免了因此而产生的误差，填补了行业内长期以来无标可依的空白。

一年后，北京首检站又制定了国家标准《首饰　贵金属纯度的规定及命名方法》。与检测方法一样，过去我国贵金属行业内也有14K、18K、22K、足金等叫法，只是没有统一的文字性规定。按照国际惯例，纯金为24K（即1000‰的含金量），1K的含金量约是41.66‰，我国市场上最常见的"18K金"的含金量为18×41.66‰=750‰，则首饰上应打上的印记为"18K"或"750"，以此类推。该标准规定了贵金属及其合金的纯度范围和命名方法，是首饰行业的基础标准，对保障首饰产品质量和促进行业发展的作用不言而喻。

到了2002版国家标准《首饰　贵金属纯度的规定及命名方法》，这一标准已由"推荐性"改为"强制性"，新增"不得掺入对人体有害元素"这一描述。鉴于国内大部分白色18K金首饰是通过加入一定量的镍来增加首饰亮度和硬度，部分佩戴者长期直接接触镍可能导致过敏性皮炎，标准还增加了有关"镍释放"的要求——小于0.5微克/（平方厘米·星期）。

"标准"落在纸面上或许只有短短一行或几行规定，但背后充满艰辛的起草过程却鲜有人知，甚至纸面上没有的内容之外也有着大量的调研工作。2000版国家标准《首饰　贵金属纯度的规定及命名方法》中原本规定"铂和钯的总含量不得少于950‰"，由于钯的价格一度远高于铂，上述条款在一定程度上增加了Pt900铂首饰的生产成本，曾引起很多生产企业和经销商的异议。北京首检站牵头召开研讨会进行专题讨论，并就此深入生产企业展开调研，配制了系列铂、钯样品，试验结果证明，铂样品含不含钯并无显著差异，因此认为不宜对贵金属首饰的非主体成分（有害因素除外）进行规定，于是在2002版标准中取消了"铂和钯的总含量不得少于950‰"条款。国内大部分白色18K金首饰是通过加入一定量的镍来增加其亮度和硬度，2002版标准里原本规定"含镍量应小于0.3‰"，限制了此类产品的生产。通过对含镍白色18K金的大量试验发现，含镍量与镍释放量并无绝对的对应关系，在查阅大量资料之后，在2008版标准中采用了当时欧共体的规定，只就镍的"释放量"做出规定，而取消了有关"镍含量"的规定。

今天逐渐占据金首饰市场主流的"千足金"，当年却差一点从市面上消失。这是怎么回事呢？原来，千足金与足金的含金量一个是999‰，一个是990‰，两者仅相差了千分之九，这对于整件首饰的功能和外观的影响几乎可以忽略不计，因此当时有意见倾向于取消"千足金"的序列，只保留"足金"即可。但也有企业认为保留"千足金"不仅使金首饰产品多了一个亮点，对消费者来说也多了一个选择，而且在中国人的观念中纯度也是越高越好。北京首检站从善如流，充分尊重企业和市场的意见，对"千足金"予以保留，后来的事实也证明，不仅千足金卖得很好，之后的千足铂、千足钯也都畅销不衰。

2003年起，新生的贵金属钯首饰开始在我国市场上出现，这是我国贵金属首饰加工技术的一次突破，也是首饰行业的一个进步和发展，因此所有的标准对此都没有规定和描述。北京首检站以修改单的形式在国家标准《首饰 贵金属纯度的规定及命名方法》中加入钯首饰的纯度规定，依据国际标准将其分为Pd500和Pd950两种，后来的2008版标准又增加了"足钯"和"千足钯"的品种。

2008版国家标准《首饰 贵金属纯度的规定及命名方法》又将"不得掺入对人体有害元素"这一概述化规定明确为"首饰中铅、汞、镉、六价铬、砷等有害元素的含量都必须小于1‰"。这是因为在加工过程或原材料中，比如焊药、补口中有可能出现上述物质。

此外，2002版国家标准《首饰 贵金属纯度的规定及命名方法》只规定"足金首饰配件的含金量可降低至750‰"，对含金量更高的千足金首饰配件并无规定，对铂、钯、银首饰的配件也都没有相关规定。2008版标准将足金、千足金首饰的配件含金量提高到900‰。虽然首饰针扣有弹性、韧性等强度需求，金纯度越高会越软，弹性也会越差一些，但以前750‰的规定有些过低，随着消费者要求的提高这一规定也应有所提高。

随后，北京首检站又先后制定了首饰中钯、铑、铂含量测定的化学分析方法、贵金属含量的无损检测方法、指环尺寸、首饰金银覆盖层厚度的规定和检测方法等国家标准和轻工行业标准，都填补了国内空白，均成为首饰行业的基础标准。

就这样，参与制定了32项国家、行业标准的北京首检站一直承担着"国家队"的重任——行使全国首饰标准化中心的职能，主持制定、修订国家标准和行业标准。2000年，北京首检站还负责筹建了全国首饰标准化技术委员会（SAC/TC256）。目前，全国首饰标准化技术委员会归口的国家标准18项，轻工行业标准24项，并以每年5到10个的速度增加，涵盖了贵金属首饰纯度的规定、命名，金、银、铂、钯含量的测定，镍释放量的测定，贵金属覆盖层首饰的规定、检测等。上述标准的制修订，逐步形成了首饰行业的完善的标准体系。

2003年，北京首检站在日常检验中发现，有不法商贩在金首饰里掺入金属"铱"。多数检测机构由于设备和经验的原因，无损检测不出来，误认为金含量很高。实际上，"铱"是一种耐腐蚀金属，对酸的化学稳定性极高，致密状态的铱即使是沸腾的王水也不能将其腐蚀，多用于制作科学仪器、热电偶、电阻线以及钢笔尖等。北京首检站以分辨率更高的先进仪器发现了铱的存在，但难以判定其具体含量，后来又辅之以化学方法确定了其含量。

　　作为行业龙头，北京首检站以国家首饰质量监督检验中心的身份及时召开了全国首饰质检机构技术交流会，公布了上述检测方法，坚决遏制了这种以次充好的欺骗行为。实际上，自1996年开始，这种同行业交流会每两年即召开一次，截止2011年，已经举办了8届。交流会的规模也在逐渐变大，参加交流会的首饰质检单位由最初的一二十家，逐渐发展到上

百家，每次交流会上北京首检站都会毫无保留地与同行分享最新的检测方法、市场动态，宣传贯彻行业标准，帮助解决疑难问题。

　　北京首检站还先后组织了火试金法测定金含量、ICP法测定贵金属含量等全国性比对的活动，以及X射线光谱法测定金、铂含量的CNAS能力验证活动，获得了很好的反响和效果，并对山西、新疆等省市质检站提供了火试金法、伏尔哈特法等检测方法的培训，协助他们开展了相应的检验活动，以此推动中国首饰检测水平的整体提高。

人才培养　建设一流的技术团队

　　黄金是宝，珠玉是宝，然而人才是宝中之宝。北京首检站，这一拥有较高技术含量的单位，拼的是先进技术、精密仪器，拼的更是人才。

　　随着人民生活水平不断提高，消费者的购买力也在不断增强，对高档消费和奢侈品消费也有一定的需求。而在我国珠宝首饰市场的发展过程中，逐渐形成的"一物一证"的模式，为首饰质检机构的长期发展提供了坚实的市场基础。

首饰检测，顾客迷信"大师"，崇拜的是权威。面对这不争的事实，北京首检站以高屋建瓴的眼光和先人一步的勇气，采取对外引进、对内挖潜的办法，果断地建立了自己的"大师队伍"，培育了属于自己的"大师"。"不是每个刚毕业的大学生都是人才，所以我们才要搭建平台培养他们成为人才。只有兴趣使然，才能真正做出成绩。"北京首检站历任领导始终这样认为。

让年轻人快速成长，尽快成为"大师"！北京首检站成立了由"一把手"任组长的教育培训领导小组，把全员培训列入重要议事日程，专门下达培训计划，进行考核、评比。从组织构架、学习内容、活动形式到时间安排都作了精心部署和周密安排，并由工会、人事等部门拟定实施方案和奖惩措施，按季汇报，年终总评。在开展全员学习、全程学习的基础上，又开展了"创建学习型组织，争做知识型员工"活动，建立培训目标管理制度，营造终身学习的良好氛围，促大家学业务、练技术、长才干。同时还鼓励干部职工参加各种形式的自学活动，鼓励年轻人参加各种学习，每年都送10余名员工接受专业培训，组织学术论坛，以各种激励政策鼓励大家发表论文。只要论文写得好，不光科研刊物的版面费由单位出，稿酬归作者自己，北京首检站还依据稿件质量再给作者部分奖金。能得到双份稿费，大家发表论文的热情空前高涨。就这样，一批专业人才在北京首检站迅速脱颖而出，并在全行业中崭露头角。

经过这些年的积淀，现在北京首检站技术力量雄厚，有多名从事贵金属分析、珠宝玉石鉴定和钻石分级的专业人员。现有在职职工52人，大专以上学历的占职工总数的72%，其中高级职称6人，中级职称13人，初级职称8人，16人分别获得美国GIA、比利时HRD、英国FGA和DGA等国际著名的珠宝鉴定师资格，20人获得国家注册珠宝玉石质量检验师资格证书（CGC），2人获得国家注册资产评估师（珠宝）资格证书（CPVG）。从事贵金属分析的人员均有大学专科以上学历，常与国内外知名的分析实验室进行交流学习，具有了很强的贵金属分析能力和丰富的实践经验。

与此同时，北京首检站还注重加强硬件建设，积极引进先进设备。目前，站内共享国家首饰质量监督检验中心在国内领先的珠宝首饰鉴定和贵金属分析设备169台（套），其中含有多台日常检验使用的大型仪器，如红外拉曼光谱仪、紫外——可见光光谱仪、X荧光能量色散光谱仪、X荧光波长色散光谱仪、原子吸收光谱仪、微波消解仪、电位滴定仪、电感耦合等离子发射光谱仪（ICP）、钻石观测仪、钻石确认仪、高温高压处理钻石鉴别仪、钻石切工仪、激光刻字机等。其中钻石观测仪、钻石确认仪、高温高压处理钻石鉴别仪是目前国内外钻石鉴定中的高端仪器，北京首检站是国内最先配置这些仪器的质检机构。先进的仪器设备为日常检验、科研和标准制定等工作提供了有力的技术保证。几年前，北京首检站就建立了内部局域网，并采用了珠宝检验管理系统，单位内部达到了网络互联，每个珠宝检验员拥有一台电脑、一台显微镜，从而使工作效率和检验质量得到进一步提高。

今天的北京首检站已有多名技术人员成了行业"明星"，有的已经成为行业的权威，有的成为行业的"大师"，这些都为北京首检站品牌效应夯实了基础，为快速发展提供了不竭动力。一块块"璞玉"在北京首检站日益焕发出夺目光彩，北京工美集团则为这一块块"美玉"搭建了更大的展示空间。

服务多样　消费者门口排起队

本着"公正、科学、准确、规范"的质量方针，北京首检站要的就是金口玉言、一锤定音的权威性。消费者购买的珠宝首饰鉴定证书是否可靠，上网或发短信就能查询权威答案；百姓祖传的"金元宝"价值几何，送上门来请专家给"掌掌眼"；甚至警方破案起获的诈骗物品和偷盗赃物，也会求助北京首检站确认货值，出具定量定性的书面报告作为量刑依据……北京首检站就这样不断扩大影响力，增加信誉度，日益成为政府、社会和消费者信赖的实验室，并逐步锻造成为国内知名的首饰鉴定服务品牌。

除了为首饰生产厂家出具证书、证明、报告外，北京首检站近年来还面向普通消费者推出了更多便民服务：在菜百、国华、北辰、蓝岛等13家商场有北京首检站专家的坐堂咨询服务；每逢周二和周四在站内免费接待消费者咨询；还为消费者个人出具当天可取的检验证明、证书。闻风而来的消费者捧着祖传宝贝、新买的玉器、朋友送的首饰赶来咨询、送检，两位工作人员都接待不过来，门口常常要排队等候。

当然，北京首检站的老本行还是为加工、销售企业提供检验报告、证书和证明，这相当于每件首饰的身份证。自2007年以来，北京首检站还承担了大量奥运产品的委托检验工作，特别是2008年3月开始承担"奥运金徽宝"的检测工作后，北京首检站上下更是忙得不可开交。每件徽宝检测时都容不得有一丝一毫的闪失，午饭时间大家轮流用餐，以便让检测仪器不停顿，不耽误检测进度；晚上加班至深夜，确保完成当天所有送检徽宝的检测。为保证无损检测的准确度，还要按量、按批次对金徽宝进行金含量的有损抽样检测，为无损检测结果的判定提供可靠依据。检验人员毫无怨言地牺牲了休息时间和节假日，有的同志甚至放弃了一年一次的全国职称英语考试，爱人出

检验人员在分称黄金饰品

北京首检站
首饰行业的『最高法院』

差在外都无法按时接正上幼儿园的孩子，还经常要带着孩子去加班……

北京首检站自成立以来，不仅圆满完成了国家质检总局下达的监督抽查任务，积极配合市、区质检、工商行政管理部门完成市场监督抽查任务，另外还为各省、市工商局和地方质检机构提供全面的技术支持，在规范首饰市场、引导消费方面功不可没。

走出国门　代表一流的中国品牌

面对越来越激烈的国内竞争和越来越一体化的国际环境，北京首检站在建立之初即放眼世界，20世纪90年代，北京首检站原站长沈沣同志就积极倡导"走出去，请进来"的对外交流战略，充分利用每一次出国考察的机会，逐步建立了与国外实验室及相关国际组织的联系。

起初，北京首检站以国家首饰质量监督检验中心的身份成为了国际标准化组织首饰标准化技术委员会（ISO/TC174）的国内技术对口单位，代表我国参加首饰行业国际标准的制定、修订和复审工作，以及年会和技术交流活动。

随后，北京首检站又与英国伯明翰分析实验室组成了联合实验室，建立了战略合作关系。连续8年互派技术人员就贵金属、珠宝玉石首饰的检测技术进行交流合作。在这8年中，北京首检站派李素青、李玉鹃、李武军等多名技术人员赴伯明翰分析实验室进行了交流学习，而伯明翰分析实验室也派出了Michael Allchin、Dippal Manchanda、Annu Manchanda等技术人员来首检站交流访问。与此同时，北京首检站还以国家首饰质量监督检验中心的身份成为了原欧洲分析实验室协会（AEAO）的观察员，迈出了与欧洲各国同行建立联系的第一步。

在国际交流中，北京首检站慢慢扩大了同其他国际首饰分析实验室和珠宝鉴定实验室的合作交流，不断拓展合作的领域和深度，并通过多形式、多层次、多方位的对外交流与合作，提高了检验技术和检验能力，扩大了影响力和知名度。

　　2006年后，北京首检站与国外的技术交流达到了新的高度，每年都派人参加AEAO和国际印记公约组织的年会。2008年，国际分析实验室协会（IAAO）在AEAO的基础上正式成立，并在英国伦敦召开了

1.　2005年，北京市首饰质量监督检验站原站长沈沣（右一）等访问美国加州宝石学院

2.　英国伯明翰实验室Michael Alchin（CEO）向北京首检站技术人员李素青（右一）颁发证书及纪念章

北京首检站
首饰行业的『最高法院』

1. 2008年，北京市首饰质量监督检验站原站长段体玉（右一）在伦敦召开的国际印记公约组织年会上参加银器年代鉴别研讨会

2. 2010年，北京市首饰质量监督检验站原副站长王春生（右一）等访问瑞士联邦海关管理局贵金属控制中央实验室

第一次会议。北京首检站以国家首饰质量监督检验中心的名义成为了IAAO的正式成员。

如今，北京首检站不仅派人员参加IAAO的年会，更是多年连续参加了IAAO组织的贵金属能力验证活动。可以说这是个涉及金、银、铂、钯样品含量的无损和有损检测"大比武"——从同一个样品中分出若干小样品，来自三四十个国家的四五十家分析实验室各自独立进行检测，通过对各实验室检测结果进行分析比对，来评价实验室检测结果的可靠性。北京首检站的检测结果一次比一次好，检验能力得到了国际认可。

数据显示，进入21世纪，我国的黄金年消费总量一直在200吨以上，当2009年全球黄金制造业走下坡路时，中国的首饰用金需求却逆市上扬了近8%，创下了340吨的新纪录。中国首饰行业对铂金的需求量也连续多年超过30吨，2009年更是超过了60吨，成为世界上最大的铂金消费国。面前对如此广阔的市场需求，成立尚不足30年的北京首检站正处于事业征途的起步期，真金不怕火炼，美玉犹需雕琢，北京首检站将见证并伴随着中国首饰行业一同发展壮大。

段体玉 博士，高级工程师，北京工美集团有限责任公司总经理助理，全国首饰标准化技术委员会主任委员，全国首标委仿真首饰分技术委员会主任委员，全国首标委镶嵌首饰分技术委员会主任委员，国家注册珠宝玉石质量检验师，国家注册资产评估师（珠宝），主持制修订5项国家标准和3项行业标准，主编国家"十一五"重点规划图书1本、合著专业论著1本，公开发表专业学术论文30余篇。

责任篇

以『工美方式』记录共和国的足迹

◎ 唐克美

以独特方式践行"科技是第一生产力"的北京工美集团，不仅积极引进全国著名大专院校毕业生，还创办了北京工艺美术职工大学、北京工艺美术学校及高级技工学校。在几十年实践中有效地构建了一支结构合理的人才队伍，并分布在集团各企业的管理、科研、设计、制作岗位上。"国企"血统与内在实力，注定北京工美集团应该也必须承担更多的社会责任，从而在国家和政府的重大任务中屡屡作出重大贡献。如出色完成国家"翡翠四宝"的设计制作任务；国务院颁授给十一世班禅的金印、金册、金匾工程的制作任务；第29届奥运会会徽发布载体奥运徽宝——"中国印"的设计制作任务；中央军委表彰"神五"、"神六"、"神七"、"两弹一星"功勋奖章的制作任务，特别是在庆祝新中国成立60周年徽章、请柬、活动标志设计中一举夺标，让北京工美集团设计制作的"60徽章"伴随国家领导人与观

礼嘉宾一同登上天安门城楼，见证了新中国成立60周年华诞的盛况。北京工美集团以独特的方式记录了共和国前进的脚步。

当年，作为集团公司原副总经理，我有幸担任金印、金册、金匾工程领导小组组长，负责指挥、协调整个工程，谨以此文献给北京工美集团成立30周年，也献给所有关心、支持和投身中国工艺美术事业的人。

勇挑重担 "三金"工程落工美
国家工程 充满挑战与机遇

1995年11月28日是北京工美集团总公司召开年度新产品、新技术展示评比活动的日子。上午9时许，近百名厂长、书记、工艺大师们已络绎不绝聚集在会场里了。会议很快就要开始，我的思绪正沉浸在今年的技术工作成果和明年工作的设想之中。突然，公司办公室主任陈宗贵同志匆匆地走到我面前说，北京市经委来电话，国务院和中央统战部有紧急任务，要公司负责技术工作的领导上午10点前务必赶到中央统战部。根据以往经验，我意识到中央的"紧急任务"，一定是重要的政治任务，不能耽误。于是向总经理王振同志作了简要汇报，把会议作了安排后，即同玉器厂总工艺师董文钟、花丝镶嵌厂总工艺师池洪才、金属工艺品厂总工艺师高育宁一同前往。

汽车一路飞驰，于10时整抵达了统战部。我们被迎进了会客室，彼此介绍后，中央统战部二局副局长毛公宁开门见山地说：国务院要求北京工美集团总公司承担为国务院制作颁授给十一世班禅的"印、册、匾"任务。毛副局长简要地向我们介绍了西藏十世班禅圆寂以后，中央和西藏自治区寻找转世灵童的经过和目前工作进展的情况。他说，灵童的掣签仪式即将举行，一旦掣签产生灵童后，国务院要在十一世班禅坐床仪式上正式颁授金印、金册，以示中央政府对十一世班禅的确认。中央为了做好灵童金瓶掣签后对十一世班禅大师的颁授工作，决定按我国传统最隆重的规制，向十一世班禅颁授金印、金册、金匾（以下简称"三金"）。江泽民总书记还为金匾亲笔题写了"护国利民"四个大字。

当我们了解情况和得到初步资料后，毛副局长强调，由于目前国内外形势复杂，工作务必做到保密、安全。我们回到总公司后立即向领导作了详细汇报。为了保证"三金"任务的进度、质量和安全，总公司成立了工程领导小组。我担任领导小组组长，负责指挥、协调工作。总公司办公室主任陈宗贵，保卫处长辛全立，花丝镶嵌厂总工艺师池洪才，工艺木刻厂厂长裴志平，握拉菲装饰品有限公司总工艺师、中国工艺美术大师王树文，为工程领导小组成员。

下午4时，我召开"三金"领导小组会，特邀花丝镶嵌厂厂长黄希武同志参加。会议内容是分配落实任务，提出工程的工艺技术质量和安全保密等方面的要求。会上决定，金印、金册由花丝镶嵌厂承接；金匾以及金印、金册的包装匣和"三金"的运输包装箱由工艺木刻厂承制；金属工艺品厂承制"金印"的镀金铜匣；握拉菲装饰品有限公司负责金印的模具制作；证章厂协作刻制金册册封上的国徽及金册全部文字的照相制版工作；剧装厂、绢花厂协作金印、金册的软件衬垫等包装辅助工作。

11月29日上午，中央统战部通知我们去部里取"三金"设计图稿。见面后，毛公宁副局长告诉我们，班禅转世灵童的金瓶掣签准备工作进展十分顺利，今天将举行金瓶掣签，掣签结果将在晚上电视新闻公布。因此"三金"的制作工作要加快进展，金匾可暂放缓，金印、金册必须在6天内完工。

从我们得到的资料来看，金印文字样式的报告是经毛副局长核批、李德洙副部长审定后报送王兆国部长批示"同意速办"的。在统战部，我们对设计图纸的细节、工程交付日期、材料、资料到位日期等问题做了研究和确认。会上明确了所需黄金由国务院特批，中国人民银行落实。金册封页上的国徽图案的标准样由国务院办公厅提供。金印印面上的"班禅额尔德尼之印"汉文选用篆书体，对应的藏文由统战部提供，金印、金册上的所有汉、藏文字由统战部校对签字。当时再次明确了工程完成日期自黄金原材料下达之日开始计算，工期为6天。

上午，从中央统战部回来，每个人的心里交织着兴奋和压力。承担中央"三金"制作任务无疑是一项时代的、历史的重大任务，是我们工艺美术一次千载难逢的机缘。但是要在如此短的时间里按照历史最高规制和工艺要求完成任务，确实存在很大难度。但工程的重要意义和使命的厚重感又不断增强着我们的勇气。大伙儿决心要用我们的心力、能力、智力去出色完成任务。下午，各单位根据各自任务分头去做准备。我回到办公室思考确定了整体工作思路和方案。金印、金册的主体工程虽然集中在花丝镶嵌厂制作，但诸如制模，印面模具的刻字、制作铜匣、木匣、如意纽丝绳、金印锦缎套、金册的册垫、包袱丝带等诸多工作，还需在多家企业同时完成。由于时间紧迫，这些辅助工种绝不可能再按以往那样，依前后道工序顺序操作进行，必须集中指挥，各方紧密配合，每一道工序只能以前道工序的尺寸数字的虚拟形象进行设计制作。

整体工作方案拟订后，我立即给担任制作金印铜匣的金属工艺品厂、制作金印钮丝绳的剧装厂、制作金册册封国徽的证章厂、制作金册锦匣的绢花厂、雕刻金印印面字模的雕漆厂的厂长们分别打了电话，要求厂长走上领导"两金"工作第一线，确保按时、保质完成任务。在以后的实际工作中，每位厂长都从思想上和行动上，从精神和物质上为工作创造了良好环境和条件。

晚上9时，池洪才同志打来电话，报告了按22K金制作金印、金册，加上熔炼浇铸用的周转金在内所需黄金总量。

11月30日早上，参加"三金"工作的同志们见面后的第一个话题就是昨晚金瓶掣签的电视新闻。我们赞美掣签的圆满，感叹掣签灵童坚赞诺布的灵秀、慈善和英俊。一股制作"三金"的荣誉感油然而生。正当我们开始谈工作时，统战部毛公宁副局长打来电话，他严肃地传达部长指示：金印、金册任务必须提前一天完成。我和同志们都十分理解，为西藏稳定、祖国统一和民族团结，我们必须加快灵童认定的后续工作。

工美速度　奉献智慧与忠诚

缩短时间给我们工作带来更大压力，在调整总体工作进度的同时也要求各单位对各道工序、各项工艺作出缩短时间的计划，分秒必争。在黄金还未取到之时，其他辅助性工艺即刻开始配料、开工。裴志平、耿洪国、高育宁同志去故宫博物院与王家鹏确定绘制的金册匣的图稿尺寸和木匣、铜匣材料、工艺以及两匣内衬、铜匣荷叶式样、锁的式样等问题。当天，工艺木刻厂从仓库的两立方米烘干红木材料里精选了色泽统一、纹理优美的部分木材，并开裁出了册匣和印、册合璧匣的木料，裁

金印

出了外包装箱的材料。金属工艺品厂选定了3毫米厚的优质铜板，调试了设备，选定了技术最好的师傅。

我和池洪才、王树文、张金宝研究了金印、金册、册封国徽的制作工艺方案和具体实施措施。根据金印造型和重量的特点，经过比较，确定采用失蜡浇铸工艺成型。金印的石膏模、蜡模由王树文制作。印面上的"班禅额尔德尼之印"的汉字篆体阳文、藏字印刷体阳文的字模，请雕漆厂用漆板雕刻，印体上的"中华人民共和国国务院颁"和日期字样采用手工錾刻。金印的模具工艺比较复杂，先用胶泥把平面图样塑成立体造型的母模，同时将雕漆刻制的印文连接上。再用此母模翻成石膏范模，然后在石膏范模上铸出蜡模。蜡模造型和精度是决定金印浇铸的最后形象效果的关键一环，所以蜡模形成后必须进行认真整修。金印印面上的印文请雕漆厂技艺最好的技师春琪操刀。春琪是位心灵手巧的师傅，他熟练地把故宫博物院提供的印文字样拓印在漆板上，胸有成竹一笔一画地雕剔。厂长王磊一夜未眠，始终陪在春琪身边，直到东方露出了绯红色的晨曦，春琪才刻完了最后一笔。第二天一早，两眼充满血丝的春琪送来了雕刻成的汉、藏合璧印文，文字利落、挺拔，精美无比。大家对他的雕刻技艺称赞不已。总公司领导小组经过文字校对后立即送中央统战部，再经旺堆校对核实通过。

12月1日清晨，国务院办公厅来电，请花丝镶嵌厂派专人和专车于9时30分到中国人民银行提取40千克黄金。黄希武在银行取到黄金后，由北京市公安局八处派警车把黄金押运到花丝镶嵌厂，与通县公安分局进行了交接。通县公安分局派遣了6位同志进驻厂内并日夜值勤，保障了工程的安全。

花丝镶嵌厂取到黄金后，由黄希武和池洪才主持金册动工。黄金开始熔炼、压板，为保证工程用电，厂长令其他用电量大的生产工序停工让路，以确保工程的顺畅进行。熔炼后的金板经过多次压延，表面平直细腻。压延至金册页片规定的厚度后送到下道工序，由李允亮师傅用传统的专用工具测算勾画出轮廓，然后进行切、锉、磨，使十三片金页相叠后，上下四边丝毫不差，平整犹如刀切。再经磨、抛，在每一页的四个角上打眼钻孔。十三页的每一个孔眼在相叠后依然达到上下一线，条管笔直。金册册封正上方的国徽图案复杂，为保持标准图样的精确细致，确定由证章厂采用电子仿形雕刻工艺制作。为了给金册刻字争取更多时间，花丝厂马不停蹄地赶制册页胎体。12月2日凌晨，池洪才同志从通县赶到市内，把制作好的全部金页和国徽图案稿送到了证章厂，厂长朴银书和总工张金宝与朱新民师傅一起研究了工艺程序，即刻投入了制作，至傍晚全部任务完成。晚上，花丝镶嵌厂取到金册，杨锐和王玉萍两位师傅立即动手在金册的页面上分别錾刻汉文和藏文。杨锐和王玉萍都是厂内出类拔萃的錾刻工艺好手，不同刀刃的錾子在他们手中錾落形出，每个字体透发出书法艺术的韵美。錾刻工作日夜兼程，按计划会在12月4日上午完工。在金册的制作进度、工艺质量以及最终的艺术效果已有了较大的把握后，我便集中精力抓金印制作。可以说"二金"工程的难点应该是金印。印的造型为正方如意钮形，工艺制作难度大，而

在"金册"上錾刻册文

且中央要求制作时间再次提前。12月2日晚，统战部毛副局长来电话传达中央领导指示，"二金"任务还需提前一天，全部工程必须不得晚于6日凌晨完工验收。

金印前期的模型制作由王树文同志在奔忙。蜡模制作修整定型后，在其形体上注上石膏使之成为浇铸金印的模具，因此既要考虑石膏的壁厚，又要精确地设计出黄金熔液注入口和溶液注入时的排气孔。王树文同志主动承担了金印工作中的难点任务。多日里他往来于北京城区、昌平与通县之间。12月3日晚，他在昌平的工作室里修制好了两个金印蜡模（其中一个做备用），就匆匆驱车赶到花丝镶嵌厂，与池洪才和车间的师傅们一同制作石膏模，一直工作到次日凌晨两点钟。4日清晨7时，我约故宫博物院的王家鹏先生同去花丝镶嵌厂看昨夜翻制的石膏模。如果模具翻制成功，上午即可浇铸黄金，可为金印的后道工序磨、修、抛光、表面处理等赢得更多时间。我们把石膏模从真空炉内取出时，发现其中一角出现塌陷，当时在场的每一位同志内心都充满了焦虑和紧张。我和池洪才、王树文、黄希武以及具体操作的几位师傅一起研究造成塌陷的原因，经过总结，找到失败原因后，用第二个蜡模再次翻制石膏模。大家工作异常谨慎，最后一个蜡模向我们发起了只能成功不能失败的挑战。此时，我表面虽镇静，但内心已焦急得近乎麻木，脑子里时时一片空白，我已经无法思考失败了如何向中央交代的问题！这一次我们在理论上、技术上和工艺上做了应做的一切努力和防范，并在心中默默地祈祷成功。我亲自看着第二次蜡模被支撑起，后在真空离心炉内浇注完石膏。我和黄希武、池洪才商量，确定在当晚12时浇铸黄金。

下午，我离开花丝镶嵌厂，利用余下时间约高育宁同志去金属工艺品厂察看铜匣工艺质量与工作进度。在远离市区的洼边车间里，铜匣制造已接近完成，铜匣下部为正方形、上部为梯形，铜板厚实，匣的造型端庄周正，接口致密挺括。做活的是韩崇伟师傅。当时引起我注意的是在工作间的一角，有一个四五岁模样的小女孩独自在玩耍，经高育宁同志介绍才知道，韩崇伟师傅的爱人前天因心脏病突发去世了，为了完成紧急任务，韩师傅料理完丧事就上班了。这几天为赶任务一直把孩子放在舅舅家，今天舅舅要出门，故把孩子带来了。我看到放在案子上的大白菜和馒头，知道他们父女俩的午餐十分简单。韩师傅只是默默地干活，嘴里没有一句漂亮的词语，他是一位普通又平常的人，但他为公忘私的精神却深深地打动了我，同时，他让我真切地体会到，生活中许多伟大都是蕴藏在平凡和平淡之中的。

从金属工艺品厂出来后，我和高育宁到了刘淑蕙师傅家。刘师傅是位糊锦匣的行家里手，荣宝斋许多高档艺术品的锦匣都请刘师傅糊制，我们要把金印、金册的多个匣的内衬都交与刘师傅做。一般做锦匣的常规工艺都要先有实物，用实物窝槽落印，计算出衬的厚薄和外帮的尺寸，然而，此次做衬是既无实物又无外匣，全靠图纸的尺寸凭经验去揣摩，最后内衬放到匣里还要严丝合缝，实物放在衬内又要稳固落座，这对刘师傅来说确实是一辈子也未遇上的特殊活计。刘师傅虽面有难色，但对工作格外上心。当我们晚上给她送去面料时，她还在桌子上翻来覆去地琢磨比划着各种方法，竟连晚饭也无心操持了。高育宁同志与我一起从刘师傅家出来后，他又直奔王树文同志的单位，把石膏的金印模型取回家，用草板纸按模型做了印座壳后即返回刘师傅家帮她解决了实际困难。工艺木刻厂的耿洪国身体单薄，患有慢性气管炎病，他工作的单位在东南城，为了加快工作进度，他顶着严寒骑着自行车到北城、东城与王家鹏、高育宁和刘师傅多次研究内匣包装与木匣包装的准确数据。

金印套，金册的包袱、带子，是请总公司生产处的刘洪昌同志完成的。刘洪昌年轻时曾是红都服装厂的八级技工，心灵手巧，虽然离开本业已几十年了，但他还做得一手好活。4日下午，他按要求完成任务，工艺规整又利落，针脚细洁平直，可以与皇家女红媲美。其他的印穗、套带、金册页与页之间的十二片黄垫子都是在剧装厂、绢花厂厂长支持下顺利完成的。

工艺木刻厂于4日下午做完了金册红木匣和两金合璧装的红木匣，工艺细腻精致，造型、式样大方，色泽稳重儒雅，匣盖抽拉轻盈且严密，匣子本身就是件上乘艺术精品。金印、金册的外层起运包装箱原先是采用松木本色涂清漆的，我看了以后认为一般用品此种包装箱足矣了，可对"两金"而言，包装箱也应体现美观与稳重。改动漆色对工艺木刻厂是件轻而易举的事，但大漆的干燥却需要时间，虽然我给裴志平同志出了难题，他却想方设法力争完成。5日夜，我所见到的外层包装箱果然是仿红木色的，漆工艺平实自然，工整美观，包装与实物达到了相得益彰。

4日下午，金属工艺品厂的金印铜匣的胎体也进入表面清洗、镀铜、过水砂、镀镍、镀金的工艺处理阶段。

金印、金册的全部辅助任务，预计在12月5日下午完工。金印的浇铸是工程的关键时刻。4日晚11时20分，我和王家鹏同志再次来到花丝镶嵌厂。12月的深夜，天气十分寒冷。厂长黄希武，总工池洪才，副厂长纪荣一、方晓东以及负责浇铸工艺的师傅都穿着大棉袄静静地在等待，时钟的摆动似乎不停地提醒我们时间的紧迫。我们再一次检查了石膏模的质量，大家一起等待着浇铸选定的午夜子时良辰。从接受任务的一刻起，我总觉得时间如梭，只有此刻才感受到时间的漫长。时钟的每一秒"嘀哒"声太长地占据着时空。按照设计好的时间和程序，黄金溶液已在真空高频炉内涌动了，模具固定在工作台上，当时钟走到深夜12时，我们都围到了工作台前，黄希武看了看黄金溶化的状态，发出了开始浇铸的指令。李新正师傅手持一把长柄大钳子夹起坩埚边口，另一位师傅用手中的长钳在另一侧托着坩埚的外体，同步快速将坩埚内的红色液体均匀地徐徐注入模具的灌口，师傅们操作熟练，浇铸完成得很出色，灌口上的黄金溶液渐渐由红色变成暗红色、灰绿色。经过一个小时的自然冷却后放入水中脱模。此刻在场的所有人的心都提到了嗓子眼，因为浇铸的成功并不能说明实物的成功。印文细致的笔画处，往往是铸液不易通实的地方。终于到了脱模时分，师傅把浇铸好的模具桶抬到了早已准备好的大水缸内。随着"嗞啦"声，一股热气翻腾起来，浸泡片刻后，把石膏模的外部铁箍脱去，接着除去石膏，表皮呈暗绿色的黄金如意印慢慢显现出来了。第一眼见到的金印外形虽完美无缺，但关键是印文是否完美。在场的同志提议让我先看金印的印文，当师傅们从水面将金印面举到我面前时，我紧张地屏住呼吸，认真冷静地巡视了汉文又巡视了藏文，高兴地脱口喊出："成功了！"大家顿时拍手欢呼，争相传看。我心中的一块石头落了地，每个人的脸上绽开笑颜，心中充满了喜悦。金印随即被送入酸洗脱皮和削磨錾剔、填补修整等工序。

我和王家鹏回到公司已是凌晨3点。这后半夜王先生和司机是在我公司的司机班休息室睡下的。虽然已多日没好好睡觉了，但我躺在办公室的沙发上却依然不能入睡，心里不停地在想着下一步要处理的事情：第一，要请办公室主任陈宗贵起草、打印交付报告与清单，拟定总公司参加验收金印、金册人员名单；第二，晚5时前，匣内衬分别送到金属工艺品厂和工艺木刻厂进行装配，晚9时铜匣、三个木匣、锦套、包袱、页垫全部送到花丝镶嵌厂进行装配；第三，请北京工艺美术出版社的同志到花丝镶嵌厂照相。

5日晚上9时，"二金"工程领导小组成员、总公司验收小组成员都到达花丝镶嵌厂，中央统战部办公厅主任王北新和毛公宁、旺堆等同志，国务院于永水等同志也在23点先后到达了花丝镶嵌厂。接待室和通往车间的走廊挤满了人，车间的大门被把守着，只有操作工人还在案台的灯光下静静地工作着。等候的人们心中十分焦急，中央政府已确定十一世班禅坐床仪式于12月8日举行，运送金印、金册的专用飞机此时早已等候在首都机场了。5日午夜，时针送别12时，6日凌晨，杨锐还在一锤一锤地镌刻"中华人民共和国国务院颁"和"年月日"的文字。终于至凌晨3点，传来了黄希武宣布"金印完工了"的声音。池洪才同志带着雪白的手套，双手捧着金印出现在门口，会客室灯光明亮起来，如意钮"金印"端庄明亮地呈现在我们面前。金印、金册和所有配套包装全部齐全了。照相完毕后由王家鹏按故宫文物的传统方法给金印钮结丝带、装锦袋，连印套口的丝绳抽系方法都按传统规范。然后将装有套袋的金印放入镀金铜匣内锁上元宝锁。将金册一页页铺锦垫，垫好以后册的两端用锦带系好，裹上黄锦缎包袱，外面正中按古代结带方式系扎上锦带，然后将包好的金册装入红木匣。装有金印的铜匣和装有金册的红木匣平列地被装入另一大红木匣内，匣外再用黄丝绸裹扎严实装入外包装箱。

金印金册被抬上中央统战部的专车，公安局警车开道，一溜7辆汽车于凌晨4点20分开出厂区，在隆冬的夜幕中一路顺风抵达中央统战部。

中央统战部二楼大厅灯光明亮，早就做好了迎接金印、金册的准备，大厅内的长方形桌面上铺置了洁白的桌布。交接仪式开始，由我报告了金印、金册净重量，配套物件的数量。中央统战部副部长李德洙代表中央统战部验收，双方在验收报告上签了字。早上6时，由统战部毛公宁、旺堆和王家鹏乘专机将金印、金册护送去西藏。

收获成功　打造品牌与实力

送走了有意义的1995年，迎来了同样有意义的1996年。1月2日下午，统战部毛公宁同志通知我和工艺木刻厂厂长裴志平去部里接受制作金匾任务。中央政府对西藏十一世班禅认定和坐床都按历史隆重的规制进行。因此金匾型制的尺寸规格也按清乾隆年间金匾的规制设计。金匾由江泽民主席亲笔题书"护国利民"。匾长3米，高1.3米，厚0.08米，金匾精选椴木制胎。匾心用传统靛蓝大漆髹制，"护国利民"四字自右向左横排，字阳刻，贴库金金箔，匾四周有15厘米宽的传统缠枝莲图案，用高浮雕刻外贴赤金金箔。

中央政府决定金匾必须在西藏人民吉祥的日子悬挂到十一世班禅坐床的扎什伦布寺内。由于金匾的型制大，工艺要求高，从选料、开料、制胎、雕刻、打磨、上漆、再打磨、贴金箔等，工序繁复，因此工期也不宽裕。裴志平同志任金匾工程的负责人，我依然代表总公司主抓该项目。1月10日，工艺木刻厂向总公司报告了金匾的制作方案和参与制作的人员名单，总公司审定后上报统战部。1月中旬，中央统战部李德洙副部长到木刻厂察看江总书记题字放样稿。1月17日，我与王家鹏到厂审定"护国利民"四字的放大样，字形、字的大小和四周间距都恰到好处。金匾的制作工艺严格按宫廷木器技艺施工。木胎厚重，拼接严实，表面刮腻上灰打磨工艺平滑。靛蓝大漆的配比作了多次选择，力争追靠清代皇家匾色。匾面大漆髹了九道，每涂一道漆，干后即用砂纸或草叶细细磨平；第七道漆越加精细，漆干后用面粉反复进行擦磨；第八道漆干后采用小磨香油在漆面研磨直至均匀；第九道漆干后则用手心在其上反复揉擦。因此完工后的金匾靛蓝色漆精细无比，蓝色犹如宝石般清澈、稳重。缠枝莲花边雕刻饱满精细，边饰贴的赤金与用库金贴的"护国利民"四字既呼应又以暗金烘托了亮金色，使主题文字格外光彩夺目。

为了工程精益求精，匠师们每天工作10多个小时。金匾平支在水平的架子上，一部分人在面上操作，而另一部分人则要跪屈在地上仰着脖子制作匾背的工艺。为早日赶完工程，厂领导与师傅们吃住在工厂，生活简单到了极点。他们的午餐、晚餐不是方便面就是咸菜加馒头。

　　4月5日，金匾完成了，匾的总重量达150千克。金匾用黄丝绸裹扎，包装后体积庞大，总重量约有500千克，从工作间抬不出去，只得将门框拆除，由10多个小伙子边推边拉将箱子弄到楼梯口。从3楼往下抬时箱子还是将楼梯拐弯处墙面撞出3个大窟窿。金匾启运到统战部，被陈列在1楼大厅的红丝绒铺饰的台面上。

　　在5月中，也就是西藏的萨噶达瓦节即藏历4月15日的佛诞节前，王家鹏、裴志平、安国忠3位同志护送金匾到西藏，并把金匾悬挂在扎什伦布寺。裴志平同志回到北京兴奋地告诉我，金匾在西藏万里无云的蓝天里显得更加湛蓝耀眼。此刻我在心中也遥见到了热烈的情景和如蓝宝石般的美丽的金匾。

　　"三金"工程完成后，我们得到了中央统战部王兆国部长的赞扬和接见，得到了轻工业部的全国通报表彰。

　　4月11日9时，我和王家鹏、裴志平受到江泽民总书记的接见，并与江总书记、李瑞环主席在金匾前合影留念。

　　工作结束后，让我始终感怀的是北京工美集团所有参加"三金"工程的同志们对中央交给我们的任务忘我的工作精神。在市场经济的今天，大家超负荷工作，却不计一分报酬。我们付出的是国企对党和人民的一片真诚，承担的是神圣的国家使命。

　　其实，令工美人无比自豪的除了"三金"还有很多。

谁与争雄　奖章从这里诞生

　　走进握拉菲公司，首先映入眼帘的是几幅中央领导为"两弹一

"两弹一星"功勋奖章

星"、"神五"、"神六"、"神七"的英雄们授勋的巨照，英雄们胸前佩戴的金质奖章就诞生在这里。

北京握拉菲首饰有限公司是北京工美集团有限责任公司所属的控股企业。作为全国奖章行业的"龙头老大"，握拉菲具有专业设计、制作各种奖章、奖牌、纪念币、金银饰品、工艺摆件、工艺礼品的实力，曾多次完成国务、政务奖章、奖牌的设计制作任务。

在握拉菲公司生产制作的无数枚金银奖章中，最为骄傲、最为自豪的奖章，当属江泽民主席代表中共中央、国务院、中央军委颁发"两弹一星"科技专家功勋奖章和2003年为神舟五号航天英雄杨利伟制作的英雄航天金质奖章。

2003年10月，我国自主研制的"神舟五号"载人飞船发射成功，标志着我国航天科技在世界航空高科技领域迈出了历史性的进程。党中央、中央军委为表彰航天英雄杨利伟，决定为其特制作一枚金质功勋奖章。奖章整体用千足金铸制，重550克，直径8.5厘米。中国人民解放军总装备部经过全国范围的筛选，最终选定了曾经为"两弹一星"科技专家制作功勋奖章的生产厂家——北京工美集团所属的北京握拉菲首饰有限公司。总装备部的领导亲临公司进行商谈制作奖章任务。

高级别、高难度，首先挑战的是企业现有生产技术力量。为此，总经理刘建中亲自带领技术人员、生产骨干全力以赴进行技术攻关，最终，分解图案造型，逐一制定制作工艺成为化挑战为机遇的"拐点"。

奖章要达到高精度必须采用多层次浮雕组合方可成功，为避免操作中可能出现的问题，技师们设计了多套实施方案。为达到奖章重量要求，奖章主体不仅要保持一定厚度，还要严格地将各层次的浮雕图案分门别类，确定重量，以便组合完整。在初期的压制中，由于没有经验，技术人员一遍又一遍地试制，寻找最适合的压力，20余天的昼夜奋战，大家吃住在公司，攻克了一个又一个难题，迈出了通向成功的一步又一步，如期高质地完成了具有历史性突破的国家级"神五"奖章的制作任务。

经过"神五"奖章制作的出色完成，握拉菲正式迈入奖牌币章加工领域，先后承接了一系列国家级奖章的制作任务：

2005年，胡锦涛主席分别代表中共中央、国务院、中央军委颁发的神舟六号英雄航天员功勋奖章；

2006年8月，第29届北京奥运会、残奥会志愿徽章；

2007年，胡锦涛主席颁发的"高技术武器发展建设工程荣誉章"；

2008年胡锦涛主席颁发的神舟七号航天功勋奖章；

中共中央颁发"全国抗震救灾英雄模范奖章""北京奥运会残奥会先进个人"奖章；

2008年奥运会"奥运金徽宝"；

2009年参加国庆阅兵首批歼击机女飞行员纪念奖章；

2010年上海世博会"世博会和玺"系列印章、系列奖章、摆件。

让精美奖章，不断从这里诞生。

"神舟七号"航天功勋奖章

北京握拉菲首饰有限公司党支部书记、总经理刘建中（右一）指导"神舟七号"航天功勋奖章制作

一举中标　60徽章耀中华

　　2009年7月14日，首都庆祝新中国成立60周年活动筹备委员会正在汇总首都庆祝新中国成立60周年活动标志、徽章、请柬设计的竞标方案。清华大学美术学院、中央美术学院、北京市邮政公司、北京歌华文化中心有限公司、北京始创国际、紫昀嘉峰和北京工美集团技术中心参与竞标。在强手如林的竞标中既有设计界的资深人士，又有自己的大学老师，还有曾多次承接重大任务的机构，对于能否中标，技术中心这支年轻的设计团队心里十分忐忑。

　　当时钟指向21时，竞标结果终于揭晓。北京工美集团技术中心一举中标。筹委会领导不仅高度评价了技术中心的设计能力，更对设计方案提出了修改意见，这不仅使北京工美集团技术中心的设计创新能力名声远扬，也令更多客户找上门来，他们前进的步伐似乎再也停不下来。

"60"徽章构思精巧，简洁庄重，寓意深厚，色彩协调，喜庆祥和，突出体现了中华人民共和国喜迎60华诞的主题，其蕴含的丰富寓意才是其一举中标的关键。标志中"60"字样的"6"字寓意着祖国和谐发展，彰

首都庆祝新中国成立60周年活动标志

显着民族的奋发向上；"0"字由代表中华民族喜庆氛围的红灯笼元素巧妙构成，突出了喜庆祥和之意；"6"与"0"的重叠相连，象征着全国各族人民的大团结；五星和天安门代表着中华人民共和国；"1949–2009"表明了60周年的光辉历程，而采用中国国旗的红、黄两色也有讲究。红色是中国传统喜庆之色，也代表了无数革命先烈为了建立新中国而浴血奋战的献身精神；黄色是中华民族的代表之色，也象征着祖国光辉灿烂的前程。

机遇只属于有准备的人。当北京奥运结束后，曾因设计制作第29届奥运会会徽发布载体奥运徽宝——中国印而闻名遐迩的北京工美集团技术中心就开始了提升设计研发能力，开拓创新续写辉煌的思考，瞄准国家重大项目，再次抓住了首都庆祝新中国成立60周年活动筹备委员会召开的首都庆祝新中国成立60周年活动标志、徽章、请柬设计招标的机遇。筹委会要求各竞标单位在1周内提交方案，集团公司总工艺师郭鸣、原技术中心经理边广增亲自组织全体设计人员连续几天加班奋战，1周后的6月29日，技术中心顺利提交了11个标志方案、15个徽章方案以及4套正式会议活动请柬、4套预演彩排活动请柬的设计方案。

建国60周年徽章

　　本以为可以喘口气了，可7月13日，筹委会再次召开会议，调整设计要求，并规定所有参与竞标的单位必须于次日9时前提交标志、徽章方案3套。技术中心设计人员挑灯夜战，按要求提交了修改方案。

　　中标后，设计部主任徐东曾一天5次往返筹委与北京工美集团之间沟通修改方案，几易其稿，在夜以继日的加班中度过了双休日。7月19日晚，为60周年国庆招待会、庆祝大会以及联欢晚会所做的18个请柬设计方案终于打印送审。

　　"三金"从这里诞生，奖章从这里诞生，"60"徽章从这里诞生……而"这里"正是我无限热爱并为其奉献一生的北京工美集团。

二十世纪中国玉坛上的伟大创举
——翡翠四宝

◎ 杨伯达

编者按： 翡翠流传于中国内地已有2000多年，然而，首次登上国宝圣坛则是指北京工美集团有限责任公司（原北京市工艺美术品总公司）旗下北京市玉器厂制作的翡翠四宝：《岱岳奇观》《含香聚瑞》《群芳揽胜》和《四海腾欢》。

国家翡翠四宝工程，因拟定于1986年完成，故也有"86工程"之称。它标志着翡翠制品在中华民族和平崛起之始便一举登上国家工程的高点，堪称20世纪中国玉坛上的一座丰碑。

"翡翠四宝"是指北京市玉器厂的能工巧匠耗尽8年心血完成的四件翡翠艺术瑰宝，其创作时间自1982年11月9日至1990年6月30日，其具体名称是：一、翡翠山子《岱岳奇观》；二、翡翠花熏《含香聚瑞》；三、翡翠花篮《群芳揽胜》；四、翡翠插屏《四海腾欢》。这四件翡翠杰作各尽其美，其质色异彩纷呈，形式丰富多彩，琢法奇异殊妙，风采卓尔不群，令观者叹为观止。国务院领导对四大翡翠作品也很满意，1989年11月23日由国务院组织、轻工业部主持，在北京市玉器厂召开了大型翡翠珍品鉴定验收会。会上先由轻工业部副部长陈士能同志报告四大翡翠珍品工程进展情况，然后由国务院副总理张劲夫，主持鉴定验收事宜。他最后归纳大家意见，称赞这四件珍品"四宝唯我中华有，炎黄裔胄共珍藏"，并提出"嘉奖创作有功人员、广泛宣传、发行纪念邮票、编辑出版精装本画册以及保卫珍品安全、做好收藏和展示工作"等五点建议和指示。此项鉴定验收工作遂得以圆满完成。于1990年，中国工艺美术馆受轻工业部委托，从北京市玉器厂接收"翡翠四宝"加以典藏并公开展出。观者不仅得到高尚的美感享受，还可从中窥探有着万年历史背景的中国玉文化和精湛的琢玉工艺及其辉煌的艺术成就，同时还可以了解20世纪北京玉雕的整体水平及其在全国玉雕界的重要地位。

　　北京市玉器厂在1982年接到"（82）轻艺字第29号"文件，根据文件要求，应承接这四块国库秘藏翡翠的设计制作任务。原料于1982年11月9日进厂后，厂长崔万卷同志为保证国家工程的顺利完成，抽调厂内各工种的技术尖子组成了骨干队伍集中工作，成立了办公室，统一指挥调度，选定专用厂房为翡翠四宝的专用工坊，拟定于1986年完成，故有"86工程"之称。我三生有幸，以北京市专家顾问团顾问身份，由北京市派到北京玉器厂担当"86工程"顾问之职。从1982年始至1990年完成四大国宝的制作任务为止，整整8年，我与"86工程"全体工作人员同呼吸、共命运。这8年中，我耳闻目睹了许多感人事迹，令人永志不忘，但是也留下一个遗憾，这就是编辑出版精装本画册的工作被耽搁下来，而且一拖又是两个8年，在这16年中，我一直感到深深抱憾。时值中国工艺美术馆决心出版翡翠四宝的图文并茂的学术性的大型精美画册之际，我万分欣慰，这是贯彻执行原国务院副总理、鉴定验收委员会主任委员张劲夫同志在鉴定验收会上的第四点建议和指示，也是我们梦寐以求的要事，我必将会像当年参与"86工程"工作时一样，全力以赴地、恪尽职守地从事"翡翠四宝"画册的编辑工作。在此，我愿以当年"86工程"顾问的名义，从历史的、工艺的、艺术的角度谈谈我对"翡翠四宝"的看法与评价。提起四大翡翠作品，总是心潮澎湃、感慨万分，但时至今日，我们应冷静下来，重新客观评价已成为20世纪中国玉坛上一座丰碑的"翡翠四宝"，这是完全必要的，也是对本应在15年前做完的未竟工作的一次补偿。

一、翡翠首次登上国宝圣坛

翡翠流传于我国内地大约有2000余年之久，从北宋进入内廷，清代雍正、乾隆时期由云南、广东跨过长江、黄河进入京师，云南督府将翡翠贡进内廷。18世纪翡翠的名称还不普及，多称永昌碧玉、云南玉、滇玉等，实为翡翠。所贡翡翠器有朝珠腰圆手镯、太平有象尊、双耳瓶、灵芝花插、佛手洗、荷叶洗、松柏灵芝笔筒、水盛、笔洗、笔架、镜嵌、扁盒等文具和陈设用器皿。这批翡翠贡物究竟制于何地不见文字记载，估计可能出自大理、昆明滇匠之手。乾隆帝看后不甚满意，大多都被驳回而未收留。翡翠器在宫廷的处境不够理想，但在京师的情况却较好，受到官吏富商及其眷属的青睐，价格飙升，成了抢手货。至乾隆晚期翡翠被视为珍玩，其价远远超出和田美玉，这反映了民间与皇家对翡翠的认识和评估完全不同。可知18世纪末，翡翠在北京已得到富有的、有权势的人们的认可，到了晚清，随着进入北京或北方市场，掌握清廷政治实权的慈禧太后称翡翠为"绿玉"，她喜爱翡翠首饰，其所用的扁方、簪、坠、戒、镯、耳勺都以上品翡翠制作。当时翡翠的价格高昂惊人，如一次为慈禧太后碾造翡翠镯子、耳挖勺、钳子等4种17件器物，共耗银39994两，每件合2352.59两，今天听起来可能不算太贵，可是在当时来说已可谓天价翡翠了。这四大翡翠国宝材料很可能在那时被运至京师，同出的材料已被制成一对插屏贡进内廷，后转入颐和园典藏至今。

北京市玉器厂的老艺人王树森，在解放初期曾见到过这四大翠材，此后其材去向不明。王树森一直牵挂着翠材的下落，1980年6月，他向《北京晚报》的记者言及此事，6月5日，记者以《宝玉何在》为题发表了寻宝文章。6月9日，国家计委物资储备局直属储备处翟维礼处长亲自来厂告知"宝玉妥存"，请王老艺人放心，王树森闻此讯喜极而泣，语不成声，他欲将平生所学之佳艺施诸良材，为国家人民作出贡献，造就出惊世翠宝。嗣后，北京市工艺美术总公司、北京市玉器厂领导研究决定，要用翠材制成大型工艺美术珍品，遂逐级呈报请示。报告文件到了国务院，万里、张劲夫等几位副总理签署、批准此议，并指示轻工业部全权负责，后经领导同意，这四件国库翡翠的设计制作任务交与北京市玉器厂承担完成。

说到这里，读者会问，为什么这四块翡翠材料会牵动了国家最高行政机构——国务院？其实理由也很简单，因其是国家资产并存于国库，如果想动用它必须经国务院批准，必须履行这一行政手续。国务院的这一决定非常正确，它表达了王树森老人和一切爱国、爱玉者的共同心愿。将周髓翡翠工艺品列为国家工程，这在新中国成立以来确实是首例。回顾我国玉器史上堪称"国家工程"的遗存也不止一例，如蒙古汗《渎山大玉海》至元二年（1265）竣工后"敕置广寒宫"，此器高70厘米，口径135厘米–182厘米，最大周长493厘米，腔深55厘米，重3500千克，可贮酒30余石。玉海四周碾龙、螭、海马、海豚等神兽，碾琢技艺非常精湛，是流传至今的蒙古汗唯一一件敕造玉器，也是其帝王玉的代表作。到了清代乾隆时期，中国古玉进入最为光辉的黄金时代。1500

千克以上的大型玉器有六件，其中自乾隆四十一年（1776）至五十二年（1787）这12年间仅两淮盐政就先后为乾隆帝碾琢了寿山、福海和大禹治水三件大型玉器。寿山正名为《丹台春晓》，原玉重1500千克，由院画家方琮、邹景德画稿，自乾隆四十二年（1777）开始琢制，至乾隆四十五年（1780）完工，用时约4年。福海亦称《云龙玉瓮》，原玉重2500千克，工期自乾隆四十一年（1776）六月至四十五年（1780）十月，共4年有余。大禹治水玉山全名为《密勒塔山玉大禹治水图》。入密勒塔山今称密尔岱山，属叶城县其山科玉矿，今仍偶有开采。此玉重4500千克，制成后高224厘米，以宋人画《大禹治水图》为蓝本，经养心殿造办处如意馆设计，画成前后左右四张图纸，院画家贾铨照图式在大玉上临画并拨得蜡样，完成设计画样之后于乾隆四十六年（1781）五月发往两淮盐政，该盐政玉作以"奉发蜡样恐日久融化，故照发蜡样刻成木样一座"。经过6年日夜加工，终于在乾隆五十二年（1787）六月完成。经运河水路运输，于同年八月十六日送到北京。乾隆五十三年（1788）正月二十五日传旨，着如意馆朱永泰刻字。此玉山仅于扬州两淮盐政玉作碾琢即耗时六载，可知其工程浩大，所用工银之巨，但以乾隆帝御制诗中，"攻用十年告藏事"句判断，从选图设计到刻字完成的全部工程则整整用了10年。《养心殿造办处各作成做活计清档》记载了大禹治水图玉山制作的主要过程，如果查阅便知，此玉山确是在乾隆帝的旨意下，两淮盐政玉作工匠遵旨小心翼翼地取南派玉山之长、聚众工之技制成的最大一件皇家玉雕。1911年清帝逊位后民国成立，既不闻有关玉器的国家工程，亦不见其遗存。

从蒙古汗《渎山大玉海》（1265）至清《大禹治水图玉山》（1788）中间相隔523年，从《大禹治水图玉山》（1788）至四件翡翠国宝（1990）不过相隔202年，标志着历史车轮滚滚前进和中华民族迅速的"和平崛起"。上述二件帝王玉玉器原料，其一是蜀玉，出于四川岷山，即今汶川龙溪；另一是和田玉，出于新疆叶尔羌（今叶城），可能属闪石玉。然而四翡翠原料出于勐拱，此料估计于清末输入内地，早先已用其中几片制作成器出售，有个别的已被贡进颐和园。余下的这四件翠料辗转数十年到北京，一直被淹没了40年，从不露其尊容。王老艺人为何苦苦寻宝40年，可知其料之珍贵而难得，使得王老艺人40年来从未忘记，他相信在有生之年一定能寻得翠料并将其制成珍品。由于《北京晚报》记者的一篇"寻宝"启事，使这四件翡翠材料重见天日，引起国务院轻工业部领导重视，在北京工艺美术总公司关心下，北京市玉器厂用8年多时间完成了此项四大翡翠国家工程，向国务院和全国人民交出了完美的答卷。这件事似乎是带有传奇色彩的一个孤立事件，但从玉器史的角度来看，则是一个重大事件，它标志着翡翠制品在中华民族和平崛起之始便一举攀登到国家工程的至高境界，可与历史上的《渎山大玉海》《大禹治水图玉山》比肩同座，开辟了翡翠升华的新时代，中国玉文化的玉与翡翠进入和谐发展、共同繁荣的崭新时期。

二、国家翡翠四宝工程——中央政府的正确决策，各级领导的大力支持，老中青结合的碾琢班子是完成工程的保证

我国计划经济阶段（1949–1978年）国家观念是很强的，工人阶级、国家干部完成的任务都是为了国家、为了共和国的繁荣昌盛，也是为人民创造美好的幸福生活。当然，毫无例外的是，这四件翡翠原料的加工制作也是国家任务，但这与之前的其他国家任务不同：一、材料是来自国库，不是总公司分配；二、要制大型工艺美术珍品而不是外贸商品；三、四件翡翠是一个整体的艺术组合而不分割，更不能分散。以上特点决定了此四翡翠料的加工是对国务院负责，不同于其他工艺品商品生产，它是特殊的国家工程，为此要采取一系列的特殊措施。

第一，国库材料经过认真鉴定。

为了对材料有一个正确的分析和估计，物资储备局组成14人的国库

翡翠鉴定小组，其鉴定结论是：四块原料产于缅甸，主要成分钠铝硅酸盐，化学式：NaAl〔（SiO3）〕27硬度：莫氏6.5度–7度。四块原料共重803.6千克，分别重量为363.8千克、274.4千克、87.6千克、77.8千克。估价：原料块大、绿多、地子灵、水头足，属于稀世难得之材，时价共1500万人民币。1982年11月9日运进玉器厂内，组织专门保管队伍严加管理。

第二，国务院、轻工业部有着明确指示和要求，这是国家翡翠工程的另一重要标志。

为此，国务院批准轻工业部下达红头文件，要求北京玉器厂把四件国宝翡翠制成"大型的工艺美术珍品，作为国宝，供长期保存和展览"。因而"要从严要求，在题材内容、表现形式、风格特色、艺术效果等方面，都要在继承发扬我国玉雕优良传统技艺的基础上吸取其他艺术长处，尽量使其在表现形式和艺术效果方面达到高度的完美和统一，使作品真正地代表卓越的玉雕艺术水平，具有时代精神风貌的工艺美术珍品。"北京市玉器厂全体职工和"86工程"人员以及所有的顾问和委员都兢兢业业地贯彻国务院、轻工业部的上述指示。

第三，广泛地开展征稿工作。

首先，轻工业部组成包括杨伯达、郑可、杨士惠、王树森等专家、大师和轻工业部季龙副部长等15人的题材审议委员会，经过三次审议，初步定稿，呈报国务院。

其次，玉器厂领导向全厂设计人员及工人发出征集设计方案的通知，先后收到题材设计方案39个，设计图纸78张。经三次审议讨论，按照玉石工艺传统的"量料取材、因材施艺"八字原则，初步议定一号料做泰山、二号料做香熏、三号料做花篮、四号料做插屏。

第四，呈报国务院审批。

经三次筛选，初步确认一料一器的方案，经整理呈报轻工业部。1985年4月13日轻工业部将方案与图纸正式呈报国务院。呈报6天之后，于4月19日由国务院副总理万里、张劲夫、田纪云等批示：同意方案并组织施工。

第五，为了保证国家翡翠工程顺利开展，决定成立"86工程办公室"。

北京市玉器厂党政领导集体非常重视国家工程的顺利进展，在征集方案阶段由厂长亲自安排成立了专门的"工程创作设计组"，方案设计任务完成后呈报轻工业部、国务院。批准之后转入具体设计和施工阶段。厂领导决定，在原工程创作设计组的基础上成立了"86工程办公室"，具体负责工程的日常施工调度指挥工作，由厂总工艺师董文钟担任办公室主任。又从生产车间抽调了一批优秀的设计、生产人员负责施工任务。北京玉坛四怪杰之一、著名工艺美术家、国家工艺美术大师王树森老艺人，国家工艺美术大师高祥老艺人、王仲元老艺人和中年高手蔚长海、北京工艺美术大师郭石林、张志平、董文钟、陈长海、马庆顺、高级技工黄宝瑞、刘永芳、张德海、雷玉林，珍品创作设计奖获得者赵立平、戴庆珍、董玉庆、沈淑珍、王振宇，抛光高级技工李立明、张保等老中青三代精华共40余人组成政治思想、工艺技巧双过硬的攻坚班子，这是完成"86工程"的技术保证。"86工程"办公室与工作室均集中于中心小楼的第三层，可以排除一切干扰全力以赴地投入工作，这也是专门的领导班子和专门的施工队伍的优越性，为出色地完成任务提供了有利条件。

第六，厂领导全力支持"86工程"，全厂职工以能参加工程为荣，听候召唤、随传随到。

"86工程"设计施工的8年之中，玉器厂的第一把手是崔万卷同志，他对"86工程"，是全力以赴、百分之百，倾全厂人力、物力、财力，尽一切可能，毫无保留地加以支持。譬如接受了轻工业部下达的国家翡翠工程之后，上述一系列重大决策都是他与领导班子共同商讨决定的。他充分地发挥"86工程"办公室的作用，放手让办公室主任、副主任领导"86工程"各项工作，使其顺利开展。工程上有何困难，他一定去排忧解难、扫清障碍，工作上需要什么他给补什么，有求必应，提供帮助，使得"86工程"办公室得以顺利地贯彻落实各项措施，一一克服必然的或突发的各种困难，而将工作按预定计划大踏步地推进。据我观察，那时崔万卷厂长及其一班人既要负责全厂领导工作，又要做好"86工程"的后方指挥，而"86工程"办公室主任、副主任则负责指挥40人～50人的施工队伍冲锋陷阵，争取全胜。前后方两个指挥部如此协调地配合，脚踏实地努力工作，终于胜利地、出色地完成了制作任务。

第七，及时大胆地调整原定完工时间，保证了工程的最佳质量，出色地完成国务院、轻工业部的要求和指示。

读者会问，"86工程"为何比原计划推迟了4年方告完成？这是否由于玉器厂对工程的高标准、严要求估计不足或者说仅仅北京市玉器厂一个厂子的技术力量尚不能承担这一艰巨任务？提出这些疑问也是十分正常的，但我们都要尊重事实。"86工程"确实未能按计划完成，其中的主客观原因很多，大家的质疑也都很有道理，我个人认为，总的来说还是主观力量不能适应客观要求。倾全厂之力，技术尖子齐上阵，尚无法如期完成四大件翡翠制作，可知任务之艰巨。针对四块翡翠材料的稀有性和珍贵性，国务院、轻工业部对作品提出了极为严格的要求，在具体设计和施工时，意想不到的困难和问题会接踵而来，概括而言有以下几点：

北京玉器碾琢手工业历经了一个历史发展过程，新中国成立前它的基础是个体手工艺，又处于风雨飘摇的困境。新中国成立后，在中央领导同志、国务院、轻工业部的关怀下有了巨大的发展，在20世纪80年代时，北京已具有全国规模最大、技术力最强声誉甚高的地方国营玉器厂。但是，我们又不得不承认，由于历史的、现实的条件及其职业本身的局限，其文化艺术的底蕴还不够丰厚，尚有待积淀和充实。从专长角度来看，北京市玉器厂的长处是"平素"、"薄胎"、"金丝工艺"

责任篇

二十世纪中国玉坛上的伟大创举
——翡翠四宝

活计及人物、鸟兽、花卉等题材的雕刻作品，其不足之处是"山子"，尤其是重达363.8千克的一号翠料，除了王树森老艺人以外，其他人从未见过此等巨翠，开始运作时便感到不知所措了。所以，从北京市玉器厂的实力和经验来看，尚不足以完成如此宏大的翡翠工程。我认为这是"86工程"延期4年的根本原因。但是参与工程的全体员工并没有被困难吓倒，他们看到了自己的不足，及时调整计划并采取了切实可行的措施和行之有效的办法，克服了前进道路上的重重艰难险阻，终于出色地完成了国家赋予他们的使命。

他们在当时采取了以下措施：

1. 变工场为学校，改工作为学习，边工作边学习。通过虚心学习，克服了缺点，弥补了不足，提高了认识，开阔了思路，拓宽了眼界，丰富了技艺，攻坚队伍的整体实力日益增强。今天回忆起来，方案设计自1982年11月开始运作，至1985年6月完成，用时约两年半。这两年半的设计过程既是筛选方案、酝酿摸索的过程，又是统一认识、培养磨炼的过程。

从接受任务至组织班底，标志国家工程学习班业已组成，其设计阶段也就是培训的第一阶段，全面提高其思想上的认识能力和业务上的表达技巧，全体人员在这初始的两年半中等于上了一次"大专班"，补课、学习、提高，做好攻坚的准备。进入具体设计、碾琢阶段以后，是边工作边学习的过程，大体上又用了5年时间，在工作中遇到阻力时他们共同切磋研讨，互教互学，取长补短，群策群力地攻克难关。除此之外还要走出去向外厂学习、体验生活、搜集资料。譬如一号料泰山山子的主设计、主雕人就曾去扬州玉雕厂参观学习，请教扬州山子的做工，掌握其艺术特点，还不止一次地登上泰山观摩实景，写其形，会其神，满载而归。又如四号料九龙插屏的主设计、主雕人需要了解龙的动态和变化、掌握其典型资料，便赴山西大同等地的九龙壁观摩学习，为创造新型的龙做了准备。实践证明，在重要的国家翡翠四宝工程的实施过程中，为力争达到完满的理想效果，必须强调学习，要学习外厂经验、学习生活、学习遗产、甘当小学生，不断地丰富自己、提高自己，方可胜任主设计、主雕人的职责。工程办公室针对已组建的技术队伍的不足，采取了边工作边学习的方法和有针对性的措施，提高了设计、制作骨干的认识水平和艺术表达能力，收到了立竿见影的效果。

2. 组织专家讲授专业课程，以丰富和提高设计、雕琢人员的历史文化知识与艺术的修养。先后请了几位专家讲授有关工艺、雕塑和与龙相关的专业知识。我自报为"86工程"设计人员讲过"历代玉雕龙的变化与特点"，在讲课时除了概述龙在形神上的变化过程及其时代特点之外，还着重分析了龙的变化规律，其主要目的在于引导主设计参照历史资料能够创造出新时代的新型龙，表现出我国当今的时代精神。当然，这一要求实在太高，甚至说在一项国家工程中立即达到此目标是根本不可能的，但是四号插屏上的九龙即使创造不出新型龙，也要表现出一定的新意，健壮腾跃，意气风发，有着催人奋进的感染力。至于采取何种造型、何种动态，悉听设计人之便，给他无限的创作空间。

龙有着长达六千年的历史发展过程，从其形神比较，宋代以来龙最为完美。历代艺术家长期积淀下来的画龙经验被宋代民间画家概括为"三停九似"的口诀。此诀见于《图画见闻志》，其志云："画龙者，折出三停，分成九似，穷游泳蜿蜒之妙，得回蟠升降之宜。""三停"意指龙身运动可分为三节蜿蜒回蟠之动态，好像一个"之"字形。第一停是指龙首至膊（前足），第二停自膊至腰，第三停自腰至尾。从形象运动来看，"三停"的曲折主要靠细颈、瘦腰和长尾三部位的扭转，谐之以四肢的伸屈回转，达到具有动感的、有力度的艺术效果。"九似"即指龙的局部器官与天地间的九种禽兽鬼怪相似，如"角似鹿，头似驼，眼似鬼，项似蛇，腹似蜃，鳞似鱼，爪似鹰，掌似虎，耳似牛"。这是民间画龙的规范化口诀，但从历代的龙画及玉、石、瓷、陶、金银器上的龙纹图案来看，古人运用"三停

九似"口诀较为灵活，打破陈规，多有新意。

我介绍了有关龙及龙纹的观点和资料之后，建议玉器厂的设计人员创造新时代的新型龙纹，主设计是否达到了这一要求，且等观众的评点。

据云，"86工程"办公室还请郑可、郭效儒、王守木等专家学者讲授了相关的课程。

3. 购置或创造新工具以保证任务的完成。古人云："工欲善其事，必先利其器"。说明"利器"对完成一项工程或制造一件器物是非常重要的，这一点，"86工程"的参与者比任何人都有更深刻的体会。他们在完成四件作品之前已经从中国香港、日本引进最先进的工具，在报告或总结中有的已列出其名称和性能。这些先进工具对完成雕琢任务所起到的积极作用是显而易见的，但这些进口的先进工具针对性甚强，离开了特定条件它便失灵了。譬如说决定用二号料做一花熏，计划从主身料中旋芯取盖，再从盖料中旋芯取底足，其腹径为34.5厘米，座径为32.5厘米，边口分别厚0.7厘米和1厘米，磨口均为4厘米，半球体高17.25厘米和12.3厘米。这两种大口径的旋芯工艺难度极大，当时我知道这是关键性环节，如果取芯程序出了闪失势必会影响花熏的造型，这确实令人非常担心。在已知的元、明、清三代圆器和琢器中，口径最大的是一玉盘，其径为66.6厘米，高仅10.3厘米。此盘口径虽大，但其很可能是用空心钻制成，所以与二号料香熏不具有可比性。现知清代玉碗中口径最大者为24厘米，但其内膛亦非半球体状，其旋活工艺亦与二号料花熏不同，也无可比性，如此看来此熏的两半球芯确无可供借鉴参考的先例。之后我到"86工程"办公室，询问董文钟主任，她说已经试验成功，正在运转。我高兴地去了工作室，看到大型旋活机运转正常、速度均匀，转动时发出的声响轻微而和谐，终于闯过了这道工艺难关。据说他们是在原有碗形砣（直径16厘米）和旋碗机（直径20厘米）的基础上经过集体研究，完成了大型旋活机的设计、制造，经反复试验改造，达到工艺要求的指标。经产品检测，直径、边口厚度、磨口座以及半球体高度等7项数据完全符合目标值。半球体高度的误差仅0.2厘米，在允许误差范围之内。所耗工时原目标值90天，完成实现值68天，节约工时22天，出色地完成了旋芯工序，为香熏拼接整形创造了上佳的技术条件。这是旋芯工具方面的一大创举，创造了我国半球体旋芯口径的最大值，在我国玉器工艺史上记下了浓重的一笔。

北京市玉器厂的领导集体与全体职工，本着对国家工程高度负责的态度，攻克了一道又一道技术难关。我作为北京市技术顾问团顾问被派到"86工程"协助其工作，深知工程参与者不屈不挠的拼搏精神，亦深信他们从容应变的智慧与才能，我与他们戮力同心并肩战斗八载，终于圆满地完成了国务院下达的任务。

三、一号料——翡翠山子《岱岳奇观》

一号翡翠原材高79厘米，宽82厘米，厚50厘米，重363.8千克，呈钝角三角锥状，老种，冰地，块大，绿多，质优，但有多道绺裂和两个薄棱，后面地子呈一层油青色。"86工程"一号料小组提出两个设想方案：一是带山景的器皿造型，是以古都、长城、敦煌、云冈、长江为表现题材的"和平盛世"；另一是以山为题材的"大好河山"。如果单从两种方案的名称角度来看，便不难理解前者须将翡翠料切割，制成某种器皿，后者是整材利用，雕琢山子。上述两个方案各有道理亦各有利弊，第一方案破料做器皿，如尊、灯、花篮、人物堆砌等，可以发挥玉器厂之长，做"平素"活计把握比较大；第二方案大材整用，相形取材，随形就势，依势造型，雕琢山子可以达到翡翠工艺保大、亮绿的要求，最为合理；但从工艺上来说，这正好戳痛了北京玉器厂的短处，其平素之工不能施展，而要从头学习雕做山子，这是技术难度甚大的一种选择，当然还要冒一定的风险。我在故宫博物

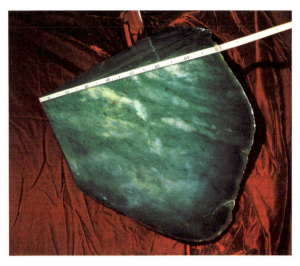

一号料

院看过数十件大小不等的宋代至清代的山子作品，它们的布局都是采用高远、深远、平远的"三远法"，山石面上用皴法雕饰树木花草表示季节，人物鸟兽都比例合理、动态自然，达到形神兼备的境地，似乎是雕琢而成的一幅立体图画或富有画意的圆雕作品。想必古代玉山子的设计者和雕琢者都要通晓画理，或许就是由画家改行的玉雕家。那么一号料的设计者和雕琢者大多都没有学过绘画，也没有做过玉山子，如果想到这一局面，山子的选定是要经过再三斟酌的，可以说是一种勇敢的、富有挑战性的选择，但这也是面对一号料的唯一正确的选择。一号料设计人员认真讨论这两个方案，明察利弊，最后议定要做泰山山子。为了落实具体设计方案，决定由3人各做模型，共做成石膏模型两件、泥塑模型一件。大家在模型上观察比较；经勾勒削减做出大型，一目了然，便于确定泰山的具体方案。这种实验的做法对选定题材正确的设计方案、统一认识起到了重要的保证作用。

经过题材审议委员的3次审稿，于1985年8月确定一号料泰山山子的具体方案，在题材选定及具体设计方案上得出令人满意的答卷。这一阶段大约用去两年半的时间，可知确定一件翠料的表现题材也是从几种设计方案中经对比讨论后集体决定的，这是国家工程所采取的特殊的而且又是必要的选定题材方案的方法和部署。

我认为题材审议委员会经过3次讨论后通过的一号料泰山山子方案是正确的，也是最佳的。一号料钝角三角锥体的形状即与泰山山体的形状近似，此方案可使一号料原材得到最大限度的利用，随形就势，因势利导，尽量利用边沿棱角料，保持体积优势，又能亮绿、保绿、突出绿、扩大绿。原材中的直棱、刃状棱及一道贯通的恶绺本是很大的缺陷，如若以此材做器皿势必会将其剔除，造成很大的浪费，而做成泰山则可将其作为山体的一部分表现自然山貌，可谓化劣为优，变废为宝。不仅从材料角度考虑，选定泰山方案是正确的，而且从历史、文化角度来看，同样也是明智的。泰山主峰为玉皇顶，海拔1532米，古称东岳，又称岳山，"为山之尊，一曰岱宗，岱，始也，宗，长也。万物之始，阴阳交代，故为五岳长，王者受命，恒封禅之。"（《古今图书集成》）"言万物更相代于东方也。"（《白虎通》)古人云："岱山高四十余里，凡十八盘，由南天门历东西二天门至玉皇顶。"《通志略》）泰山是古今游览名胜之地，更重要的是泰山为历代帝王封禅之圣地。何为封禅？"筑土曰封，除地曰禅。古者天子巡守至于四岳则封泰山而祭天，禅小山而祭山川"。所以封禅之礼仪是古帝王巡守时所行之祭天祀地的大礼，极为隆重。古帝王何时封禅泰岱？按《史记·秦始皇本纪》载："二十八年始皇封泰山，始立八神祀天齐地主。"另据古籍载，上古无怀氏首封泰山，此后伏羲氏、神农氏、炎帝、黄帝、颛顼、帝喾、陶唐氏、有虞氏以及夏王大禹、商王汤、周成王等亦封泰山，可知封泰山之举由来已久，而见于正史所记者确始于秦皇二十八年（前219），至少已有2000余年的悠久历史。所以泰山山子的方案不仅是因一号翡翠料的原形与泰山主峰的形状相似并便于保绿、亮绿、突出绿，还涵盖着无比深厚的文化的、历史的底蕴，这也是破璞制器皿的方案所不及的，专家们同意泰山山子这个方案也就顺理成章了。方案通过后仅是在选择题材上取得一致意见，仅仅解决了一个方向问题，尚未解决任何具体问题，下一步进入具体设计阶段时肯定会遇到很多困难，这些障碍都需主设计者去排解。此方案的主设计是陈长海，他于1957年在玉器社从师刘文享学艺，后又在玉器厂再拜名师王树森深造。名师出高徒，他不久就成为一名擅长人物玉雕设计的佼佼者，尤在玛瑙俏色上颇有独到之处，已获得"北京市工艺美术大师"的称号。他在一号料题材方案设计及翻制石膏模型过程中作出了突出贡献。因其深患重病，抱病坚持一号作品的设计工作，不久病重入院，卧床不起，医治无效，在一号料攻关的关键时刻便与世长辞，令人万分惋惜。继任的主设计、主雕人张治平大师1961年毕业于北京工艺美校，在工艺美术研究所拜著名玉雕大师、北京四怪杰之首潘秉衡为师，专门从事玉雕研究。由于他是北京工艺美校培养出来的美术设计人才，曾在工艺美术研究所专攻玉器雕琢工艺，又得到名师潘秉衡的培育和熏陶，在玉雕的观点、方针上与以学徒出身者为主力的北京玉器厂的匠师们必有不同，这便决定了一号作品形成了独特风格，并且在北京玉坛上也成为独树一帜的崭新作品，这与张治平玉雕观念与雕琢方法的独特性与鲜明性有着密切关系。譬如他通过反复相玉，决定冒险利用一号料绿色旺的一面的一棱二面三道绺的缺陷，大胆地将此面改作泰山山子的正面，变劣为优，体现了泰山山势的雄伟险峻、巍峨挺拔、群峰斗奇、异彩纷呈的景象和气势。这一点我也有同感，以翠材崎岖不平的旺面作泰山山子的正面恰恰与实际山形山势形貌符合，是增强作品艺术表现力的最佳选择。张治平很懂得将画家体验生活、积累素材的创作途径移植到玉山子的设计中去，这种认识与做法在北京玉器厂的历史上当属首创，也可能过去厂内雕平素活计为主，故无此需要。当时要设计山子，而且又是国家工程，则必须这样做，所以不论从哪一角度来看，这种体验生活的创作环节都是不可或缺的。"86工程"办公室遂组织了包括王树森老艺人和主设计在内的23位治玉能手两上泰山，他们不辞辛劳地观察实景、体验生活、搜集资料、积累素材。了解了实景路线的情况，体验了名胜景点的环境，这为处理泰山

翡翠　岱岳奇观（正面）

高88厘米　宽83厘米

厚50.5厘米

岱岳奇观（背面）

山子形体与布局提供了山势走向及造型构成的依据。有了生活体验，才能设计出形神俱似的泰山。反之，如果山子形貌与泰山并无共同之处，作品便不会被大众接受并认可。此外，还要向擅长玉山雕琢的扬州玉人学习，这可补救北京市玉器厂缺乏雕琢山子经验的弱点。我认为，扬州清代玉山继承了宋代以太湖石为主景的构成作法，往往层次深远或突兀高耸，玲珑剔透，生动有致，故扬州现代玉雕家们自诩为"南派玉山子"是有根据的，从故宫博物院收藏的宋代至清代的玉山子中也可找出许多例证。那么北派玉山子是什么模样？我们却无从看到其典型作品，如果南派山子特点的立论角度考虑应与其相反，焦点在于一个"北"字上，我们以此《岱岳奇观》山子为例，借以说明其特点：一、以实景为题材，具体名胜景点均与实景基本吻合；二、山子形貌与实景近似或接近，一目了然；三、以山石为骨、树木为肉、溪瀑为血脉，突出山石，点缀以树木，以溪流瀑布串通山石，使整个景观融为一体；四、近景之山石树木运用树皮皴，山石不用南宗山水之大小披麻皴，更不能搬用"矾头"，而要采用直擦皴或大小斧劈皴。张治平大师在设计泰山玉山稿时曾两上泰山、一下扬州，获得不少第一手资料，有了深刻的心得体会，又吸收了两个石膏稿、一个泥塑稿的长处，从而做出了一个崭新方案，采取从一天门出发，经曲折山路攀登十八盘至南天门，达主峰玉皇阁，回转至日观峰。他兼用隐、显两种手法共表现了20个–30个著名景点。第一小组人员经历了含辛茹苦的三年琢磨，一座泰山山子翠雕作品呈现在我们面前。它给我们的印象是巍峨、奇险、崇高、神圣的泰山形象，一眼便看到十八盘、南天门和观日峰，这是实景山子必须具备的群众所喜闻乐见的重要特征，保绿、亮绿、突出绿的翡翠作品的特殊要求亦可完全达到。这一翠山山体略加雕琢，显示了地子灵、水头足、玻璃种，衬托出丝丝绿色、苍翠欲滴、生机勃勃的翡翠独具之美，在发挥翡翠的水、色、种的优势上获得极大的成功，不仅可近看、细看翡翠之质色美、雕刻之工艺美，还可饱览玩味众多景点古木参天、草木华茂的自然美，构重的文化古迹和喧嚣热闹的名胜景点可尽收眼底，使观者大饱眼福。作品不仅在整体把握方面取得成功，并且在细部景观刻镂上也达到了细碾精琢的高超水平。总之，《岱岳奇观》翡翠山子成功地再现了造化的钟灵毓秀和大自然恩惠的人间奇景，歌颂了岱岳浓郁的人文色彩。北京玉器厂的能工巧匠继承了我国玉器工艺的优秀传统，兼取南方玉人雕琢玉山子的丰富经验，集思广益，群策群力，经历了五年的雕琢，造就了一座北派玉山首创之巨构——《岱岳奇观》翡翠山子，开创了北方翠雕山子的先河，为今后北方山子雕刻的发展树立了良好的榜样，提供了重要的借鉴。

四、二号料——翡翠花熏《含香聚瑞》

《含香聚瑞》是一件高达71厘米，宽有65厘米的巨型花熏。此器是一件分为五层的华丽摆设，有着伟岸挺拔的气势、秀美典雅的造型、玲珑剔透的做工、繁华亮丽的图纹，确是此四件翡翠作品中的出类拔萃者。她那婀娜优美的艺术品格远远超出我的预料。

此器原料呈不规则长方体，斜高55厘米，长边66厘米，短边37厘

二号料

米，厚36厘米四面均经切割，有一面呈土黄皮壳。按照"量料取材"的原则，此料必须破解使用，做成什么造型、制成何种器皿，确是一件富有创造性的艺术设计工作。当时此料的艺术指导和主设计似乎早已胸有成竹，稳坐钓鱼台。他们经过相料，思考酝酿，根据此料质地细密、晶莹灵透、绿色多，呈丝块状均匀分布及形状呈不规则长方体等特点，将其制成球体五节饰以腾龙的高达71厘米的《九龙献瑞》花熏。据云，"平素活计"的花熏是新中国成立后不断发展起来的北京玉器厂的玉雕高精尖品种，也是该厂的拿手绝活，曾经做过直径20厘米的碗状花熏，但是对口径34.5厘米的球体九龙熏来说不过是小巫见大巫了，所以摆在他们面前的任务仍然是艰巨的。此中关键性的工艺难关就是怎样旋成直径34.5厘米的球体来，原有的碗形砣、旋碗机这两种设备都不能胜任这道工序，这就必须运用原有旋碗机的原理加工革新，改造制成一台新型的加工规格大、精确度高的大型旋活机。这一重任就落在"86工程"的第二小组身上。此组共10人，组长为蔚长海工艺美术大师，组员有董文钟总工艺师（"86工程"办公室主任）、马庆顺工艺师、韩家桓（"86工程"办公室副主任）、张卓机械设计师以及夏宝英、王连瑞、董玉庆、胡玉昆等同志。他们当中出面给我介绍改进后的大型旋活机的功效及旋活状况的是张卓机械设计师，我看后感到如释重负、兴奋无比，认为此旋活机的试制成功确是中国玉器史上一个了不起的创举，很值得称道，也应当给予奖励。

此熏由顶（钮）、盖、球身、中腰、覆盆底等五部分组成，均由斜长方体翠料中取出，钮和鼓形是沿绺痕切割出的大块圆锥体所制。余下来的是一长方体翠料，正好充作半球形下身的主料，宽达65厘米，从中心部位旋出直径34.5厘米、高17.25厘米的半球体身，再从北身中取出直径32.5厘米、深12.3厘米的半球状盖，又从盖料中旋出面盆状底足。全部取芯工作仅用68天，比原定计划的90个工作日提前了22天完成任务。这五部分以子母口或螺纹衔接成一整器，这种衔接做法称"小料作大", 是玉器工艺中的一种特殊手法。从出土玉器可知, 这种工艺出自战国初期, 最典型的就是曾侯乙的多节镂空龙凤玉佩 (见《中国玉器全集·3》176页、177页), 由平面切割为多片, 以环连接, 属平面活计。而此熏是立体, 以球形、鼓形、盆形连接, 有着体与面的重大区别, 两者不存在可比点。到了清代乾隆年间, 确实出现了立体衔接的高桩作品, 如碧玉高柄托 (《中国玉器全集·6》78页)、碧玉镂空八宝纹花熏 (《中国玉器全集·6》82页、83页) 碧玉双擎烛台 (《中国玉器全集·6》96页、97页) 等。经鉴定, 这批玉器均出自两淮盐政玉作, 可知这种立体多层衔接高桩玉器可能出自扬州玉工之手而盛于扬州玉坛, 开创了乾隆时代玉器的新工艺。但是这三件玉器高度有限, 最高的也不过只有34.4厘米, 不及此熏通高之半, 口径14.1厘米, 比此熏尚小20厘米, 其重量也轻, 都不过5千克, 仅达到此熏毛重274.4千克之零头。可以肯定, 这种起源于2000余年前的战国时期的"小料作大"的工艺到了20世纪已有重大发展, 可制口径达到20厘米的套料旋活, 而此熏的旋口已达34.5厘米, 这是一次历史性的大突破。

此《九龙献瑞》花熏确实是具有鲜明的"时代精神风貌"的杰出玉雕, 它不仅体现在上述的"小料作大"的创新工艺上, 最重要的表现在它的造型与装饰上。当然, 此熏的形象的艺术语言与绘画、雕塑是不同的, 它既是几何形体的, 又是隐喻的, 不像人物肖像或主题性题材绘画及雕塑作品那般给观者的感受是直接的、明朗的、毫无保留的, 而此熏毕竟是工艺美术品, 它要靠线、面及其组合的几何体形象以诉诸观者的视觉。我不想过多地从形饰的美学理念去探讨其成功的基因, 我只想告诉观者, 此熏形饰是庄重典雅的、灵动华丽的, 它的诸种内在美与外在美是和谐统一的一种完美, 可以说在古今器皿玉雕领域已达到至高的艺术境界, 确乎是出类拔萃、无与伦比的。在此, 我还要特别地说明一点, 此熏形饰完美与否的决定性因素是翠料本身, 这就是说一切艺术处理手法终究是为了最大限度地显现翠质之美。具体到此翠坯就是最充分

翡翠　含香聚瑞熏　高71厘米　宽65厘米

地显示其老种、玻璃地、水头足、翠色鲜艳的优势，因而在翠活中仍须将保绿、亮绿、突出绿作为终极目的，这与其他材料的工艺美术有别，更不同于绘画、雕塑作品，却与和田玉器是相通的。从上述要求出发，盖的五龙钮与应龙耳都是硕大块体，确实超乎正常的盖与钮，身与耳的比例异乎寻常，钮、耳的体积和重量难免有超重失调之感，但富有经验的大师和玉工们将圆锥体之钮和长方形的耳以蟠龙为饰，施之以镂镂之工，减轻了重量，改实体为剔透虚灵，排除了重压抑郁之不良后果，获得了美满的艺术效应。在此还要指出，此熏型饰完全用曲线为基础单元，巧妙地、多层次地蟠绕或组合而成，反过来说，此熏造型找不到一条直线。这种单一的曲线结构很容易出现柔弱绵软而缺乏力度的视觉效果，但此熏却不显露其上述弱点，反而给人以伟岸挺拔的阳刚之美，这与它硕大的球体状主身、鼓形腰及覆盆形月巴足、五龙钮、伸展而出的双应龙耳有关，它们冲淡了曲线轮廓的柔弱绵软感。此熏上的九龙和四灵（龙、凤、龟、麟）、四神（青龙、白虎、玄武、朱雀）以及灵芝、蓄草等常见的传统图案形象富有新意，无不具有繁荣昌盛、国泰民安的吉祥寓意，这些吉祥图案都增强了此熏的文化内蕴。表现这些吉祥图案的工艺手法确是丰富多彩而又和谐统一，突起的五龙钮与应龙大耳已有着可供多角度观赏的圆雕效果，兼用镂空、隐起、阴刻等工艺手法雕琢其细部，还琢出四个活环。一双应龙耳大头细长尾，并附有两大活环，雕琢手法类似五龙钮，与其相对应形成三角状对照呼应的关系，使平素的圆球主身的单纯简洁得到调剂，显得更加丰满而变化万千。双应龙耳的细长尾呈卷草状垂至鼓形腰间，附有两小圆环，在鼓腰前后各饰一活环，上下3层，左右共大小10个活环，也对圆球状造型给予调剂和装饰。盖与足面各有4个花瓣状开光，内填"四灵"与"四神"，均用隐起加钩线的工艺技法而有别于镂空的钮耳。可以说此熏的雕琢工艺手法无所不包、样样俱全，充满着精美绝伦的艺术韵味。

最后的抛光工序也是非常重要的，其球形主体、鼓形腰和覆盆状底足都由较宽大的凸弧面组成，布满丝丝绿，也都需要通过抛光使其地水色鲜明地突显出来，而钮与双耳又被镂镂成形状不同的通孔以及大小不等的10个活环，都需要用不同方法作最后的抛光，以显现翡翠独有的水地色的天然美。

此熏经启功先生审定，正名为《含香聚瑞》花熏。"86工程"第二小组成员认真地贯彻了"小料大作"的传统琢玉要求，创造新型的旋活机功能甚佳，保证旋出球状主身和覆盆状底足，以子母口和螺丝将其接高，由坯料斜高55厘米，接连5层，制成高达71厘米的大花熏，横宽保留了原坯的65厘米，分毫未损，实为难能可贵：造型稳重华贵、大方秀丽，昭示着盛世风韵，催人奋发向上，憧憬美好未来。翠熏还显示了和谐发展的时代精神与团结奋进的社会风尚，毫无疑问，此熏是四件翡翠国宝中最为杰出的一件精美翠雕。

五、三号料——翡翠花篮《群芳揽胜》

三号料按重量排在第三位，故称三号料。它的实际重量仅仅87.6千克，只相当于二号料的三分之一，其材质是四块翡翠料中最差的一块，若按质色优劣来排队的话它应排在最后，即四号。

原料形状不规整，呈扁三角形体，有3个切割面，在这3个面的椎部有一片丝絮状绿色料，与一块"脏"料相邻，其余色泽呈油青色，地子水头也不及二号料，另三面被土黄皮色覆盖。我看到这块料后也认为在使用上、制作上难度较大。一号料整用，雕刻一件泰山山子，二号料旋出一个大口径球状主身的花熏，此料做什么物件确实需要认真思量。当时，厂方领导和工人们都将眼光集中在一、二、四号料的设计上，甚至想用三号料作上述三块好料作品的拼镶辅助用料，便把它放在一起，弃之于一隅，一度根本没有人理睬它。但它毕竟是与其他三块翠料一起来自国库，既不能弃之不顾，也不能将其作辅料。若此，把四块材料拼成三件作品，少了一件，也不好向国务院、轻工业部交代，更与红头文件精神不符，于是还是要按程序剥皮相料之后再作安排。在相料过程中，以王仲元、高祥二位老艺人为首的工艺人在观念和认识上有所改变和深化，他们认为这块料与其他三块料相比，确实有体积小、质地差、色彩青的弱点，给设计与使用均带来不少困难，但是他们回忆该厂所用的翠料，也并不比此料好多少，此料与之相比也是毫无逊色的。只要扬长避短、题材恰当、用料合理、剜脏遮绺，便可化劣为优，制出一件精美的摆设珍品。这一认识上的深化、观念上的改变，不仅挽救了险些被分解为辅料而消逝的三号料，还将其制成一件独立的珍品翠器。这一决策非常重要，也与国务院、轻工业部的指示精神相吻合。下一步的方案设计是至关重要的，第三组玉雕高手经过集体讨论，反复推敲、权衡利弊，终于做出用三号料制一件提梁花篮的决定。这一设计方案足以加高原料的高度，也是另一种"小料作大"的手法，因其工艺难度很大，玉人们须用尽浑身解数方可担当此任。经过剜脏去绺，利用好料雕琢花卉插于花篮之中，这就是提梁花篮的设计方案。我对此方案完全赞同、大力支持，同时也万分钦佩王仲元、高祥两位老艺人以及第三组全体成员的创造智慧。

循料取形、因材施艺是玉器设计的总原则，但具体到每一料坯，

三号料

都要因材制宜、灵活处理，不能墨守成规。既然要做活链提梁花篮，必须首先解决其提梁、活链花卉和花篮如何取材的问题，也就是说到底取翠坯的何处为梁、链、花、篮，难在这四部分不仅出自同一块料，还要连接为一体。这种造型设计方案必须从料坯的形质出发，将每一组件的取料部位设定下来，掌握了起码的可行性和初步把握，方案设计或者说造型设计方告结束。具体到三号料，其中心部位的一块绿是全料中的最佳处，按保绿、亮绿、突出绿的原则，决定将其设置在造型最突出的上面，并以其为中心，找出提梁、两条活链、篮盘和底平，至少梁、链、篮可连为一体，造型方案设计遂得到初步落实。

此后进入施工阶段。在琢磨过程中很可能会遇到各种新情况、新问题，修订原具体设计的事情也是经常发生的，活链的琢磨便遇到不少问题。今天想起来，在如此窳劣的料坯上取出数十环相连的活链子确是一件冒险的举动，稍一不慎便可前功尽弃，导致整个造型设计方案的失败。这并非危言耸听，第三小组全体成员当时确实经历了如履薄冰般的险境。韩家桓副主任在《"86工程"工作总结》中写道"活链是作品遇到的第一道难关"，反映了琢链人和小组全体成员忐忑不安的心境。这两条长长的活链怎样从料中取出的，当时我并未过问，这种纯技术的工作也不是"顾问"的职责，我也未"顾问"过，并不知其详情。事后我看到已经取出的长长活链时也为他们感到庆幸和喜悦。过了一道难关，也该松一口气了，这时我想到所见的首例活链，它出土于距今3000多年前的扬越族首领的古墓中，是一件红色彩石的羽神，通高11.5厘米、身高8.7厘米、胸厚0.8厘米，是一件小型的彩石雕刻。在其头后有一长方立环，下连三个椭圆形活环，这是出土的我国最早的三节活环，尽管它不是玉链环，制作方法也不同，但是我也不能否认它是活链的始祖。清代玉工也擅长碾琢活链，所见玛瑙双股活链瓶每股21环，链长15.2厘米（《中国玉器全集·6》248页），而此翠花篮上的两条活链64环，多于上述玛瑙瓶活链22环，同时又将原坯提高了将近一倍，这又是"小料大作"工艺的一个成功范例。这两股长长的活链是怎么制成的？怎样避开瑕玷和绺裂而取出如此灵活的长链？韩家桓的《"86工程"工作总结》详记了这个过程，我必须将其中与其相关的一段文字摘录下来，告诉观者当年玉工取链时是如何用智慧、技巧和毅力去应对困难的。

"原料脏、绺多，在（取）活链的过程中，因为绺的影响曾三次移动中线，四次改变活链路线。为了躲绺，链条的走向曾被迫改变，右边的一条链子拐了九个弯，左边的一条拐了四个弯。更难的是上下拐弯取链，在坑凹中起链活环，可以说是工程道路崎（奇）曲多险，稍一不慎，前功尽弃。参加制作的人员都是（雕琢）花卉高手有着极为丰富的经验，他们采取了各种措施，保证遇到绺后可以自然改道，没（有）绺的情况下也仔细观察，也兢兢业业、一丝不苟，加强安全保险措施，终于将两挂32个环的提梁（和）链保了下来，达到此例准确、环形规矩、大小一致的高水平。"

为了使观者便于理解上述引文，括号内的字和重点号是我加的。引文中的文字十分简练通顺，我最欣赏的是遇到绺后可以"自然改道"这四个字。这双股活链是用人工"兢兢业业、一丝不苟"地雕琢而成，不是自动化机械手雕琢的，怎么会遇到绺裂便"自然改道"而不是玉工双手在改道？这说明雕刻者的技艺已达到炉火纯青的境界，有如天助，堪称鬼斧神工、天衣无缝。取活链的主雕人有雷玉林（男，时年43岁）、赵立平（男，时年32岁），他们至今活跃在北京玉坛，为发展北京玉雕业奉献才华。双股活链的雕琢成功，说明北京玉雕水平在乾隆朝以后的200余年中已得到大幅度的提升，如果乾隆帝在天有灵能见到这两条翠雕活链的话，他对北京玉工艺一定会刮目相看了。

花卉是人人都喜爱的生活伴侣，有的人爱花如命，五冬六夏都在室内摆设着悦目而又芬芳的鲜花。古人爱花因受自然条件制约，冬天缺少花卉，便想到用彩石或玉翠做成花卉盆景，作为书房和居室的陈设。现在故宫内两边帝后嫔妃居住的宫殿内部都依原状摆设着玉翠彩石的花卉盆景，给内宫平添了几分生气。中国人赏花，有着深浅两个层面的意义。人们凭直观看到的是花卉的形貌、颜色、风采，还可嗅到花卉散发的芳香气味，花卉给人们带来视觉、嗅觉感官上的享乐，是人们爱花的浅层面原因。随着社会进化和历史积淀，人们对赏花的理解渐次深化升华，赋予它或"富贵"、或"华丽"、或"清高"、或"典雅"的不同文化内涵，这是高层面的赏花审美观。玉石盆景也兼有上述两个层面的文化内涵，全国玉石雕刻界的人士都了解这一点，"86工程"第三小组的全体人员比我们更懂得这层道理。他们之所以要将较差的三号料做成"提梁花篮"，首先是从材料出发，这就是"因材施艺"，但是他们并未满足于这一表面要求，而是期望通过花篮以表达他们对"我国的社会主义事业在中国共产党的领导下百花齐放、欣欣向荣，人民生活有如烂漫的鲜花丰硕而美好……蓬勃发展、前程似锦"（韩家桓：《"86工程"工作总结》14页）的真诚祝愿。此后，他们将这种朴素的情感和愿望毫无保留地倾注于花篮中。这一层面的深刻含义我们观者很难理解，并且从对花篮的直观感觉上也是不易捕捉到的。这就是我要引录86工程办公室副主任韩家桓《"86工程"工作总结》的动机，他的话表达了第三小组全体人员的心声。

花篮要做哪些花卉？以何种花作为主题花卉？这是第三小组必须面对的问题，经过讨论，他们决定以绿色的菊花和藕荷色的牡丹为主体花卉，辅之以玉兰、梅花、月季、荷苞、茶花、萱草等花卉穿插于主花之周。对花头、枝叶的艺术表现要求很高，如花头、花瓣要做到像天然鲜花那样翻转折叠，枝叶要穿枝梗，潇洒自然、栩栩如生。这些要求对琢花高手来说当然不成问题，主要是要做到精益求精、更上一层楼。他们针对花篮中部严重的绺脏做了挖除处理使其洁净，制成一个椭圆形的插枝槽，使花卉能够落稳于花篮之中，花篮的料色为暗青色，不甚雅观，需要尽量改变原色。他们采取掏膛处理，从篮的底足向上打了深6厘米的管形孔，挖掉了余肉，然后镶底密封，同时将八角花篮表面遍饰镂空

翡翠　群芳揽胜　高64厘米　宽41厘米

菱形格，斜交的骨架雕刻牙编纹，制成仿牙编的八角花篮。

花卉的制造也是完成作品过程中的重要步骤。前述以三号料仅制成绿色的菊花和藕荷色的牡丹，这显然不足以聚成一篮花，因三号料下脚料既少又差，且与花篮靠色，不宜以其制花，便选用一、二号翠坯下脚料替代补充。譬如二号翠坯的一个钻网边角被用作梅花枝权，随其勾曲之形而琢成曲枝梅花，使其绕过活链，生动自然，浑然一体。从此花篮借用一、二号翠坯下脚料磨制辅助性花梗枝权之事，不禁令人回想起设计初期曾一度欲将三号料作一、二、四号三件作品的辅助材料，现在事实恰如其反，真为保全了三号料感到庆幸。进而将若干分散的海棠、荷苞、牡丹梅花等花枝拼镶成一束篮中之花，这也是三号作品的最后一道难关。北京玉器厂虽然做过不少的拼镶工艺，拼镶也是其传统的工艺方法之一，但是如此大规模的插花式的拼镶活计也是首开其例，不可避免地遇到许多新困难、新问题，第三小组成员依靠集体智慧将困难逐一克服，一件提梁双股活环链仿牙编翡翠花篮内插入一丛永远绽放而不凋谢的百花，三号作品终告成功，这也是我国最大、最美的翠雕活链百花篮，它代表我国20世纪80年代玉雕花卉工艺的最高水平，也使大型拼镶工艺珍品有着永恒的艺术魅力。

六、四号料——翡翠插屏《四海腾欢》

插屏此料重77.8千克，是四块翡翠料坯中最轻的一块，排位第四，故称四号料。它的形状规整，长74厘米，宽37厘米，厚度稍嫌不匀，短边厚8.8厘米，中部下凹，仅厚7.8厘米，可认定为长方体。该料地子滋密、水头足、透明度好，还夹有藕粉色地。我见到此料的第一感觉便认定它最适于做插屏，这类大插屏在故宫博物院不乏收藏，已有先例可循，用其做插屏无疑是一种好的选择，但仍需听取群众的意见，第四件经过全体成员民主讨论，果然与我不谋而合，大多数人同意做插屏，只

四号料

有个别人提出做双体瓶（双瓶连体），最后决定做插屏。形式决定后便要决定其内容，即做何种题材的插屏，于是又展开讨论，大家共提出了"红楼梦"、"群仙祝寿"、"丝路情长"、"五岳"、"九龙"等多种方案，最后确定题材为"云龙九现"。具体设计方案是以最佳的绿色料雕作九龙，以白地、青地、藕荷色地作云、水、气充当陪衬，"象征中华民族的崛起和叱咤风云、无往不胜的声威"。这是第四小组全体技术人员的良好愿望，也代表了人民大众的心愿。

"云龙九现"的方案决定之后，在设计、开片、雕琢、抛光等工序遇到了许许多多的难题，经过大家坚韧不拔的努力奋斗，逐一采取了正确的对策，才一步一个脚印地闯过了道道难关，登上了胜利的彼岸，我亲历了他们闯关的全过程，深知他们的艰辛，千难万险无法历数，仅较大的难关就有五道。

1. 锯料关。第四组人员对四号料的锯切有着几个想法，譬如"整料透雕"，这避开了切料问题。此外还有锯切二开、三开、四开及八开等不同方案，但其可行性要看翠料的具体情况，如绺裂深浅、长短及其走向，还要考虑设计的需要以及技术上的能力。如果考虑到此料边厚不过8.8厘米、中心厚度仅有7.8厘米，从切片的安全度及使用的效果来看，开出八片的设想从技术与效用两个角度权衡都是不现实的。尤其插屏有从背面透光的可能，对1厘米厚、74厘米长、37厘米宽的翠板来说，有冲淡地色和翠色的危险，这一个八开的设想有着很大的冒险性，实不可取。如若锯切成二开或三开，拼接起来可能画面过小、气魄不足。最后从安全系数和插屏画面大小这两方面衡量，还是采取了二者兼顾的四开的方案。到了锯切阶段，又遇到了原有切割机不能胜任切割大料的问题，必须改造旧设备或制造新的切割机，后来还是造了一台新机器，保证了切割工序的顺利完成。我们在验收切割出来的四片翠料时，对其翠面的平整情况感到非常满意。

2. 拼接关。切割下来的四块翠料，表面切平之后还要拼接成一个整幅，此中的关键是每块翠料的拼接面都要做到垂直平整，并非拼接面因有外框包裹，不必严格要求。四块翠料共有六个拼接面（左右两块各有一个拼接面，中间两块各有两个拼接面），这六个面一定要做到平整、光滑、垂直，其精确度愈高，接缝便愈严实。这项工作的难度很大，首先仍是设备问题，原有设备不敷应用，在重新设计制成了相关设备之后，经过精心操作，四块翠料终于对接成功达到了严丝合缝的水平，为用四块翠料拼接成完整画面提供了有利条件。在地色的拼接方面，上下接得自然，浑然而成一体，中部对接稍硬些，不够浑融，留下了一点遗憾，但这是天然形成的，也是人力不可改善的。

3. 设计关。担任主设计的是郭石林大师，他1962年毕业于北京工艺美术学校后钻研玉器雕琢技艺，又努力提高美术理论，熔绘画与玉雕于一炉，使作品另辟蹊径、独具一格。为了完成四号翠雕的设计，他多次到北海、故宫及大同三处的九龙壁写生，搜集材料，了解历代龙的造型变化及其特点，吸收精华，剔除糟粕，设计出九龙腾跃云海的波澜壮阔的画面，他含辛茹苦的求索精神和智慧尽融会于云龙之中。

我作为顾问，也非常重视九龙的形象创造，力所能及地为他提供了有关历史资料供他参考。当我看到他的稿本时，总的感觉是龙的动感和神采都可给观者以感染力，也可认为是一次成功的尝试，但是暂时还不能说它就是社会主义改革开放时代的龙。在当今和今后一个时期和平崛起的这一时代，新型龙成于谁手尚须等待。历史上各个时代的龙形的创造都需要几百年的长期过程，不是半个世纪就可能完成的，因而我们都不要急于求成，还是要翘首以待，期望我们现代中华民族的新型强龙能够早日腾飞。

4. 雕琢关。玉器雕琢历史非常悠久，如从发明使用旋转性砣具琢玉时计，已不少于5000年，也形成了一套技术规程和明确的分工，这对玉器工艺的规范化起到重要作用。琢玉业往往按工具或活计来分工，如锯、碾、光三大工种的分工；又如按勾彻、顶撞……碾琢等工艺的分工；还有依牌、镯等成品类别的分工。现代玉雕业又引进了美术语言，如阴刻、阳刻、圆雕、浮雕、浅浮雕、高浮雕等美术手法，因其操作方式和作品效果不同，亦可形成分工。此"云龙九现"插屏的画面面积达到1.1平方米，是所见最大的翡翠浮雕作品，按照中国宋代工艺语言，则称浮雕为"隐起"，也就是隐隐约约地鼓起的意思，鼓起的也都在几分或几厘，换算成今天的公制尺度即几厘米到几毫米。此屏云龙海水图案形象的高度均在1厘米以下。这种隐起做工过去的高低层次大致不过二三层，四五层的甚少，而此屏海水云龙层次较多，五六层的相当普遍，基本上不露地子。龙头是隐起刻的重点，均由主设计、主雕人郭石林大师亲手碾琢，可谓细致入微、形神兼备。龙云关系也处理得灵动协调，说它是龙穿云或者是云遮龙都是合宜的。这种露头藏尾的手法最早见于汉螭，后又盛于宋代龙画，已成为画龙的典型样式，至今仍有很强的生命力，而此九龙祥云的隐显关系处理也是非常恰当的，获得极大的成功。

5. 抛光关。赏玉的人往往一眼便看到玉的雕工，品其雕琢是否精细、图纹是否美观，而对玉质是否温润晶莹却注意得不够。也有的人则反过来首先看玉质是否温润莹泽，而对碾工不甚关注，一眼带过。这是清代以来出现的两种不同的赏玉标准。玉器上的图案和地子在刚刚琢成时表面呈现涩滞的灰暗色调，玉不温润，雕琢亦不优美，好像岩石似的。玉器只有经过抛光工序才能从岩石的粗涩感觉中超脱，还玉以本来面貌，给人们赏玉时带来舒畅和愉悦。尤其像此屏1.1平方米的大画面，任何精雕细刻之美若不抛光都不能彻底地显现出来，只有经过了抛光工序，不厌其烦地反复摩擦错砻，将肉眼看不到的砣痕麻面磨除，显现出翠的莹泽质色，这样方能明察其雕工之美。这道工序颇为费工，要耐心细致地去做。这种隐起型画面可以说没有一处平面，所有的表面都是或凹或凸的弧面，很难磨砻，每一个弧面都要均匀地、毫无遗漏地磨到，这需要有很强的耐心和很高的技巧，所以抛光也是玉工艺中的一个大专业，清人称为"光工"，现代称作"抛光"。在国务院奖励名单的41人之中，除了老艺人、主设计、主雕、设备设计和平素活雕工等人之外，还有史永山、高振志、王永祥、李立明、张宝和、李贵平、王海峰、刘铁成等8位抛光技术能手，从这里便可了解到抛光工序在玉器碾琢过程中的重要作用。

以上就是"86工程"第四组成员连闯五关，终于完成了"云龙九现"翡翠插屏的过程，后经启功先生将此屏定名为《四海腾欢》翠雕插屏。这件由四块翠料拼接的九龙穿云波涛澎湃的隐起大画面插屏是一个旷古未见的翡翠精美的杰作，在北京玉雕史上也是一大突破。

翡翠　四海腾欢　高74厘米　宽146.4厘米　厚1.8厘米

关于《岱岳奇观》《含香聚瑞》《群芳揽胜》《四海腾欢》四件国宝的介绍，至此便告结束。我作为"86工程"的顾问，有机会与40余位北京市玉器厂的老艺人大师、机械师及各业专家高手一起共同度过了充满着挑战和胜利的8年，也是受益匪浅、收获颇丰。"86工程"对我来说也是一所学校，在这所珍品工程大学里学习了8年，今天回想起来也是深感光荣和幸运的。这次喜逢中国工艺美术馆出版翡翠四宝精美画册之际，奉上拙文以介绍"86工程"参与者的感人事迹和卓越贡献，他们创造的四件翡翠国宝已成为20世纪我国玉坛上的完美典范和历史丰碑，它永远激励着我们奋发向上。

在搁笔之前，我忽然又想起1989年11月23日上午在大型翡翠工艺珍品鉴定验收会上，鉴定验收委员会主任、国务院副总理张劲夫同志做总结发言时的一段话，他高瞻远瞩地指出："我们鉴定委员会肯定了四宝，提高了民族的自尊心、自信心、凝聚力，这就是她的意义。社会主义创作出这样的作品，对社会主义精神文明和物质文明建设、现代化建设都有着深远的意义。对所有参加创作、制作以及提过宝贵建议的专家、教授、工艺美术界的同志们，尤其北京市玉器厂表现出的爱中华民族、爱国家、爱社会主义的优良传统和无私奉献精神表示敬意，对他们的成功表示祝贺。要学习和发扬这种精神，为弘扬民族优良传统、为社会主义精神文明和物质文明建设作贡献。"

最后，张劲夫副总理热情洋溢地说："四宝唯我中华有，炎黄裔胄共珍藏。"我们共同的结论是：作品是了不起的，是重要国宝。

杨伯达 曾任故宫博物院副院长、中国博物馆学会副理事长、北京市人民政府专家顾问团顾问、北京大学考古系玉器硕士研究生导师，曾以北京市专家顾问团顾问身份由北京市派到北京玉器厂担当"四大国宝"顾问。

为时代添一分光彩　为历史留一片记忆

——记献给祖国六十华诞之工艺美术『四大名旦』珍品

◎ 郭鸣

2009年，十届全国人大常委、中国轻工业联合会名誉会长、中国工艺美术学会名誉会长陈士能（左一），中国工艺（集团）公司董事长、总经理周郑生（左二）在北京工美集团总工艺师郭鸣（右二）的陪同下参观北京工艺美术"四大名旦"精品展

2009年国庆前夕，在伟大的祖国即将迎来60华诞之际，"同贺国禧、馆藏国宝——北京工艺美术'四大名旦'精品展"在北京工艺美术博物馆隆重揭幕。在热烈的掌声中和炫耀的闪光灯下，历经两年多时间创意策划、设计制作的两件工艺美术珍品——雕漆《鼎盛中华》、象牙雕刻《九州欢腾》正式亮相。在随后的两年里，"四大名旦"系列的另外两件作品——錾胎掐丝珐琅《太平有象》和珊瑚玉雕《九龙浴佛》在众人的翘首企盼下也陆续竣工面世。"四大名旦"珍精品系列是由北京工美集团聚人力、斥重资，传承技艺、创新设计，汇集了十几位中国工艺美术大师和北京工艺美术大师，历时数年，潜心雕琢而成的。我有幸参与并主持这个项目的设计与制作，在深感责任重大的同时，一种幸福感油然而生。如今，这四件创新力作终于齐聚北京工艺美术博物馆，她们的诞生充分展现了中华民族60年来的伟大复兴带给当代工艺美术的盛世气象，记录着京城工艺美术的绝技和风采。

为时代添一分光彩　为历史留一片记忆
——记献给祖国六十华诞之工艺美术『四大名旦』珍品

　　北京工艺美术是中国工艺美术大花园中的一枝奇葩，她的皇家气质和宫廷风格独树一帜。这其中，最具特色和代表性的是享有北京工艺美术"四大名旦"盛誉的牙雕、玉器、景泰蓝和雕漆。它们无一不是造型华美、做工精妙，闪烁着奇光异彩，呈现出一派富丽繁华、典雅端庄的风格。她们蕴含着丰厚的历史精神和人文情怀，而继承这些技艺的工艺美术大师更是承载并延续历史的记录者。

　　为了让工艺美术"四大名旦"重放异彩，2007年岁末，北京工美集团凭借"传承文化、创新发展"的经营理念，以国有企业的社会责任感以及对北京工艺美术事业发展的拳拳之心，在企业资金并不宽裕的情况下做出决定，聚全集团整体实力，充分发挥设计研发优势，整合北京充沛的工艺美术大师资源，采用北京传统工艺美术"四大名旦"工艺技法，斥资近千万元创作四件工艺美术精品。我自己和周围许多领导、同事，许久以来心存一种情怀：新中国成立60年来，工艺美术行业在恢

2009年，"同贺同禧、馆藏国宝——北京工艺美术'四大名旦'精品展"在北京工艺美术博物馆隆重揭幕（图中右一为北京工美集团原党委书记、董事长郭泰来，左一为北京工艺美术博物馆馆长张立石）

复、振兴和发展过程中，造就了一大批艺术风格鲜明、工艺技术精湛、文化造诣深厚的工艺美术大师。第一代老艺人已离我们远去，他们的许多传世之作在北京市工艺美术博物馆中仍有收藏，光照后人。但是，第二代新中国培养起来的大师现在也大多进入花甲或古稀之年，我们希望他们在艺术顶峰时的代表作能留在博物馆里，把一代工美人对美的追求，对艺术的追求，对新时代的讴歌，对美好生活的憧憬，连同精湛的技艺永远固化并珍藏在那里，使我们乃至世世代代能够欣赏到我们这个时代闪耀着民族文化和艺术光辉的伟大作品，体验到中华民族工艺技术的博大和精深。

满怀美好愿望，我们反复研究提出了三点创意要求：一是作品要体现深厚的历史底蕴和先进的文化内涵；二是要有创新，作品要反映时代特点和艺术特色；三是要尽量表现材料美感和工艺的精湛，充分展示大师们的技艺风格和水平。确定目标后，我们调集精兵强将成立了四个创作团队，团队汇集了十多位国家级和市级的工艺美术大师和众多技艺娴熟的高级技师，还有一群二三十岁的年轻设计师。此外，我们还邀请了工艺美术行业、文博界的专家学者唐克美、李进华、朱培初、曹静楼、张锠、周道生、李书邦等，为这项工程提出了许多宝贵的意见，给予创作指导。

设计制作过程中，项目组多次组织召开研讨会，听取工艺美术大师、专家学者关于设计制作的各方面建议。一次次地调研、一次次地探讨、一次次地修改，主创人员力求将自己的全部经验积淀和精湛技艺倾注于作品中，目的就是要通过作品反映这个伟大时代的精神和风采，代表这个时代北京工艺美术设计创作与制作技艺的水平。

鼎盛中华 颂歌祖国

作品《鼎盛中华》是为了庆祝新中国成立60周年而设计创作的，采用雕漆工艺，以"鼎"为基本器型。

雕漆是极具中国传统文化特色的手工艺，始于唐代，兴盛于明清，历史悠久。雕漆制品历史上多用作皇家宫廷工艺器物，大多造型古朴庄重，纹饰精美考究，色泽光润，形态典雅，历来具有崇高的社会地位和艺术价值，是中国悠久物质文明的重要载体。《鼎盛中华》通体鲜红，象征了在中国共产党的领导下，古老的神州生机勃勃，新生的中国红红火火。

鼎为中国古代炊食器，7000多年前就出现了陶制的鼎。在古代，鼎象征贵族身份，是最为重要的礼器，典籍载有天子九鼎、诸侯七鼎等用鼎制度；鼎也是国家政权的象征，寓意诚信和权威，《左传》有载："桀有昏德，鼎迁于商；商纣暴虐，鼎迁于周。"后世以鼎敬香火，以乘先人之灵气，富其生活，牢其基业，昌其事业，旺其家族。《鼎盛中华》的原型是迄今为止出土的最大最重的青铜器后母戊方鼎，尺寸长110厘米，宽90厘米，高130厘米，意在以雄伟形制、深刻寓意，契合祖国60华诞庆典里程碑式的历史意义。

传统雕漆图案装饰意味浓厚，艺术效果浑厚古朴。由郭鸣、殷秀云、贾亦显、席闻组成的设计小组负责《鼎盛中华》的图案纹样设计，

工艺技师在雕刻四大名旦之一《鼎盛中华》的细部图案

力求在传统基础上进行创新。正面浮雕是开国大典的历史场景，背面是以隶书雕刻题为《中华赋》的文字，文字下部浮雕长城图案，两个侧面分别设计了长江和黄河。主题图案的四周纹样以国花牡丹与和平鸽为主，并在耳子、足部及底部装饰以龙、虎、祥云、四灵神等图案。

我们希望《鼎盛中华》的整体设计，既令人耳目一新，又不失传统雕漆的端庄稳重，并且紧扣主题：歌颂、赞美伟大的祖国。《开国大典》以同名油画为内容，场面宏伟。所刻画的毛泽东、刘少奇、周恩来、朱德等一组开国领袖人物，神采奕奕。开国大典是中华民族振兴和现代中国奋进崛起的起跑线，中华巨龙自此再度腾飞。鼎背面以题为《中华赋》的文字讴歌建国60年的辉煌成就，与正面画面相呼应，文字的背景及下部有蜿蜒曲折的长城图案。左侧面是黄河壶口瀑布，右侧面是长江三峡，它们不仅是祖国大好河山的典型代表，也是民族精神力量的象征。开光四周的图案，56朵盛开的牡丹花和60只飞翔的和平鸽，寓意56个民族大家庭共庆祖国60周年华诞，为祖国的繁荣昌盛祝福、歌唱。

大气磅礴的《鼎盛中华》，其细部装饰也进行了认真推敲。设计师在耳和足这两个主要结构部件上，注意以传统图案与鼎的传统造型相呼应，烘托庄重气氛。在其他位置则辅以新式纹样。鼎口沿的平面和耳子的侧面是连续的夔纹图案，祝福祖国福瑞吉祥。口沿的立面和四腿的足部采用连绵不断的回纹图案，象征国运昌隆恒久。腹部的纹样则富丽、活泼、热烈，洋溢着现代气息，配合鼎内铭刻的制作过程，为作品打上了时代印记。底部用青龙、白虎、朱雀、玄武四时和四方位神，寓意天人合一，人与自然和谐发展。腿部用龙纹表达江山稳固、共建和谐，耳子以虎纹与腿部龙纹相呼应，取虎踞龙盘之意，体现了毛主席诗词中"钟山风雨起苍黄，百万雄师过大江，虎踞龙盘今胜昔，天翻地覆慨而慷"的意境。总体说来，作品的细部装饰设计，令传统与现代相融相生、交相辉映。代代沿袭的悠久文化和精湛技艺在《鼎盛中华》这件雕

为时代添一分光彩　为历史留一片记忆
——记献给祖国六十华诞之工艺美术『四大名旦』珍品

漆作品上，得到了新生。

目前，雕漆《鼎盛中华》在北京工艺美术博物馆展出，它以大气自信的姿态，展现着今日北京雕漆工艺的水平，记录着京城工艺"四大名旦"绝技的风采。但很多人并不知道，今天展现在世人面前的《鼎盛中华》，其诞生可谓一波三折。

因为大鼎的器型庞大，且要刷髹涂将近150多千克的大漆，所以内胎必须足够坚固。而传统漆器多用木质内胎，不足以支撑这样的重型器物。参与项目的设计师和工艺制作人员反复讨论，确定以铜制内胎。这个内胎的制作耗时近3个月，而这，仅仅只是开始。

内胎制成后，协助制作的北京凌云雕漆厂的技工们开始在其上刮漆灰、刷涂漆层。髹漆在整个雕漆工艺中起着关键性作用，因为漆层的厚度按设计要求必须达到1.2厘米以上，才能保证其上浮雕的效果。要达到这样的厚度，至少需要髹涂漆层200多道。髹漆的工序非常缓慢，需要等第一层干后，才能再髹第二层。这样，半年刷了240多道漆，铜胎上的漆面厚度才终于符合要求了。

经过一年多时间的设计、制图、制胎、光漆，终于进入了雕刻阶

《鼎盛中华》设计者中国工艺美术大师殷秀云（前）和北京工美集团总工艺师郭鸣（后）一起研究局部图案的雕刻制作

段。雕漆大师殷秀云和苏启明、宋秀珍等技师精益求精、废寝忘食地工作，《鼎盛中华》因其形制雄伟、造型独特、题材新颖，已经开创了雕漆行业的先河，而在雕刻制作中遇到的困难更是前所未有的。传统的雕漆工艺都是由工艺师俯身在平面上雕刻，而此鼎是立体造型，各个面上都要雕刻精美的纹样，这就要求技师必须突破限制，以各种姿势、从各个角度甚至是仰角进行雕刻。而让殷秀云更加寝食难安的是开国领袖肖像的塑造，人物雕刻历来是雕漆行的软肋，传统技法塑造的人物都是程式化的，"千人一面"，如今要在作品上雕刻观众熟悉的开国领袖形象，这不仅是雕漆历史上从未有人尝试过的，雕刻难度更是超乎想象。

雕漆　鼎盛中华　长110厘米　宽90厘米　高130厘米

为时代添一分光彩　为历史留一片记忆
——记献给祖国六十华诞之工艺美术『四大名旦』珍品

雕漆素有"一刀活"的说法，因其材质的特殊性要求雕刻手法一步到位，而高浮雕的人物有棱有角，锋利的雕刀在柔软的漆面上很难精准定位。为了确保最后的雕刻效果，大师预先用橡皮泥做出浮雕小样，并在髹涂完成的小漆板上进行试雕刻。现在这种完美的效果，是反复推敲、以多种工艺进行试验的结果。工艺师们集几十年的雕刻经验，以富于创造性的工作，运用高低浮雕、平刻阴刻等不同的雕刻手法，使作品达到了雄浑大气中不失流畅细腻、形神生动的艺术效果。

在历时一年零十个月的十几道复杂工序之后，雕漆作品《鼎盛中华》终告完成。面世仅半月，它就与另一件"四大名旦"作品、牙雕《九州欢腾》一起，荣获2009年"天工艺苑·百花杯"中国工艺美术精品奖特等奖，这是中国工艺美术界的最高奖项。同时，这两件作品被评定为"北京工艺美术珍品"。

《中华赋》 作者：郭鸣 颜晓烨

千年磨砺，绵延中华文明。百代匠心，铸就儿女精魂。早登城楼，六十载光耀东方。夜聚村落，三十春改革兴邦。泽被民生，和谐共享。心系大同，长乐未央。击钟鼓兮献赋，声磅礴于霄壤。颂伟业兮祈福，德普施于四方。巍巍乎鼎立，山高水长。浩浩乎气存，历久弥芳。

欣逢盛世 九州欢腾

牙雕《九州欢腾》是"四大名旦"珍精品系列之一，也是北京工美集团向祖国60华诞献礼的作品，由多位国家级工艺美术大师联袂领衔，汇集众多工艺技师的精湛技艺，采用传统牙雕技法，耗时两年有余，呕心沥血创作而成。原料选用一整根长达两米，约有50年历史的库存老象牙，牙雕作品长220厘米、宽68厘米、高66厘米，用料重达160千克。牙雕《九州欢腾》无论是创意构思、表现题材，还是规格形制、工艺技法，都是近年来传统牙雕行业鲜见的堂皇大器，其造型浑厚大气，雕工精细富丽，主题鲜明突出，将观赏性、艺术性和时代性完美融合。

《九州欢腾》以56个民族欢歌载舞的场景为前景，背景主体表现的是中国的29处世界文化遗产，人物栩栩如生，景致雄奇秀丽，二者浑然一体。人物与风景前后错落，增加了作品的层次感和立体感，既展示了江山的如此多娇，也体现了中华民族的和谐与繁荣，表达了时逢甲子华诞普天同庆的美好愿景。作品综合运用圆雕、浮雕、镂空雕等工艺技法，将象牙雕刻艺术中的人物、风景、花卉等有机融为一体，同时结合拼镶技法令作品饱满、完整。作为新中国60华诞的献礼之作，《九州欢腾》融传统工艺与艺术价值于一体，以象牙雕刻艺术特有的细腻、柔美，为祖国母亲呈送最美好、最真挚的祝福。

象牙雕刻在中国有着极其悠久的历史，始于新石器时代。经过数千年的发展，逐渐形成了分别以广州和北京为代表的南北两派。广州牙雕拥有精细工整、玲珑剔透的创作风格，北京牙雕则以大气磅礴、雍容华贵的宫廷艺术风格而著称。牙雕作品之所以珍贵，原因之一是原材料稀缺，自1989年国际社会全面禁止象牙贸易后，这种矛盾日趋凸显。《九

工艺技师李国栋（前）、何行健（后）正在制作《九州欢腾》泥稿

为时代添一分光彩 为历史留一片记忆
——记献给祖国六十华诞之工艺美术「四大名旦」珍品

州欢腾》采用的象牙原料体量巨大，在牙雕行业中鲜为一见。象牙雕刻是一项受多种因素制约的传统工艺，其创意制作深受牙体形状、大小的限制，需要量料取材，因材施艺。

《九州欢腾》在创意阶段碰到的最大难题是究竟用什么样的题材表现新中国60年的发展，纵观传统牙雕工艺，表现题材多集中于人物、动物、花卉及风景几类，表现手段也多用传统纹样，很明显，单一的传统题材和图案纹样并不足以展示一根两米长的大象牙的珍贵性，也不足以表达一代工美人对伟大祖国的美好祝愿。我和青年设计师冯超及工艺美术大师李国栋、何行健反复研究、修改草案，数次邀请业内专家，集思广益、多方论证，最后确定了《九州欢腾》的创作主题，表现56个民族的人民置身祖国壮美河山间载歌载舞、欣逢盛世、普天同庆的盛大场面。为表达各族儿女对祖国的诚挚祝福，我们特意在象牙的背部镌刻了一篇赋文《九州欢腾赋》。表现主题确定后，我们开始了为期两个月的设计制图工作。牙雕创作不同于绘画，观众欣赏牙雕是从一个视点出发的，因此也必须从一个视点出发设计画面，这就需要安排好场景的疏密关系、人物的大小比例，才能使最后的作品达到场景疏密有致、人物比例关系协调的视觉效果。牙雕《九州欢腾》的设计创意突破了传统工艺

中国工艺美术大师时金兰在全神贯注地雕刻《九州欢腾》

的局限，将29处自然景观集中表现于一根象牙上，并采用圆雕技法塑造了代表56个民族的72个10厘米大小的人物形象，拼镶在象牙主体前部，欢歌起舞的人物生动传神，各处景观布局得当、错落有致，景观间衔接紧密、过渡十分自然。

《九州欢腾》是由中国工艺美术大师时金兰、李春珂、柴慈继，工艺技师杨健、崔秀层、常顺才、常冬青、贾春明、王贵红、张勇等共同担纲雕刻制作，期间，得到了北京象牙雕刻厂肖广义厂长和洪燕书记的大力支持。牙雕制作最难的几步要数大料塑形、透视关系、细部琢磨和人物的五官雕刻等，为确保作品最终成功，这件作品一改传统工艺流程中直接在牙体上画图雕刻的做法，而是先按照一比一的比例雕塑泥稿。李国栋、何行健的泥稿雕塑克服了实景资料匮乏、泥塑牙雕工艺不同等诸多困难，精确地将29处自然景观按照设计所要求的比例雕塑成型，景观的空间结构关系清晰呈现。让我至今难以忘怀，在2008年盛夏的那三个多月里，在北京奥运会举办的滚滚热浪中，在一间密不透风的小屋内，这两位老师光着膀子、挥汗如雨的情景。国家级牙雕大师时金兰当时已年逾古稀，《九州欢腾》已然是她的收官之作了，大师为此倾尽全

中国工艺美术学会副理事长唐克美（前）等专家在北京工美集团总工艺师郭鸣（左二）的陪同下指导牙雕作品《九州欢腾》的制作

力，呕心沥血。创作期间由于身心劳累，加之年事已高，时大师突患重病，但即便如此，她对作品依然放心不下，身体稍事恢复后就迫不及待地由家人搀扶着前往工作室继续创作。经过大师们富于创造性的工作，历经几百个日日夜夜的精雕细琢，设计方案终于由图纸变成了一件精美绝伦的工艺珍品。《九州欢腾》正是汇集了当代牙雕艺术的泰山北斗，融会技艺的历史积淀，博取众家所长，才成就了这件中国牙雕史上的精品之作。

《九州欢腾赋》　　作者：郭鸣　冯超

　　风雨沧桑，地劈天开；卿云烂漫，紫气东来；

　　白驹过隙，甲子轮回；山河依旧，祖德弘恢；

　　巍峨千年，龙盘万里；太和夕照，紫禁光熙；

　　颐和知春，绿柳清漪；夏宫烟雨，森森莲池；

　　圜丘祈谷，天人共祺；明清皇寝，风水福遗；

牙雕　九州欢腾　长220厘米　宽68厘米　高66厘米　重160千克

北京猿人，文明呈曦；万世师表，大成孔祠；

岱宗封禅，五岳独麾；清凉五台，文殊慧狮；

松石嶙峋，黄山仙姿；丹峰碧水，九曲武夷；

凌云大佛，秀丽娥眉；治世玄岳，武当天清；

神工浩瀚，秦始皇陵；后母戊鼎，甲骨殷京；

金堤离堆，幽幽青城；步移景异，苏州园名；

再入桃园，西递宏村；通汇天下，平遥人盈；

丽江木府，水车闻莺；西天普陀，布达拉宫；

艺术云冈，昙曜五窟；钟灵毓秀，龙门阙雄；

三教并济，大足石刻；百代匠心，璀璨敦煌；

东方古堡，土楼圆方；侨乡开平，碉楼金汤；

史颂一隅，高句丽国；莲岛澳门，手足情长；

文化遗产，炎黄丰功；欣逢盛世，华夏腾龙；

九州共览，普天飞虹；歌舞升平，和谐大同。

为时代添一分光彩　为历史留一片记忆
——记献给祖国六十华诞之工艺美术『四大名旦』珍品

太平有象　共祝和谐

　　2009年12月12日，北京工美集团在王府井工美大厦门前举行盛大仪式，为錾胎掐丝珐琅《太平有象》揭幕。《太平有象》是继"四大名旦"工艺珍品雕漆《鼎盛中华》、牙雕《九州欢腾》后亮相的又一件工艺美术创新力作。《太平有象》由被誉为当今"景泰蓝第一人"的中国工艺美术大师张同禄担纲制作，历时两年，代表了当今中国景泰蓝技艺的最高水平。

　　景泰蓝，又名"铜胎掐丝珐琅"，起源于元朝时的古老京都，盛行于明朝景泰年间，因当时釉料颜色多用蓝色，故名景泰蓝。制作时先用紫铜作胎，制成各种造型，再用铜丝掐成各种花纹，中间填充珐琅釉，经烧制、磨光、镀金等工序制成。作为北京传统工艺美术"四大名旦"和"燕京八绝"工艺之一，景泰蓝集传统文化与独特风格于一身，古朴

　　《太平有象》的创作团队在讨论设计方案。（图中左一为设计者北京工美集团总工艺师郭鸣，左二为中国工艺美术大师张同禄，右一为工艺技师李佩卿，右二为设计者工艺美术师申文广）

中国工艺美术大师张同禄在铜胎上完成《太平有象》
制作的最关键工序——掐丝

典雅，精美华贵，以鲜明的民族特色闻名中外。

　　作品创意源于传统吉祥纹样"太平有象"，吉祥图案常画象驮宝瓶。象被古人视作瑞兽，也喻美好景象。瓶与平谐音，太平，谓时世安宁和平。《汉书·王莽传》记载："天下太平，五谷成熟。"太平有象即有天下太平、五谷丰登的意思。历史上，但凡太平盛世，必有"太平有象"类题材作品问世。物以载道，有象出则天下太平。在政通人和、物阜民丰的今天，錾胎掐丝珐琅《太平有象》应时而出，寓意国泰民安、永享太平。北京工美集团技术中心工艺美术师申文广作为张同禄大师的助手参与了设计工作，提出了多个很有创意的设计草案。

　　《太平有象》高2.09米，与2009年建国60周年相契合。中心器型为

为时代添一分光彩　为历史留一片记忆
——记献给祖国六十华诞之工艺美术『四大名旦』珍品

六瓣瓜纹瓶，瓶身两侧以绶带鸟作耳，造型优美、新颖独特。瓶的基座四周围绕六头白象，造型生动活泼，色彩清新淡雅，衬托得中央的大瓶更加绚丽华贵。象鼻朝上喷出水花，水花上托起鲤鱼、莲花。六头大象形态一致，稳健大气，制作工艺难度极高。

工艺大师将多种传统工艺融会贯通，作品整体采用铜錾胎工艺成型，以掐丝点蓝工艺描绘，局部以花丝镶嵌工艺装饰，经过铸造、雕錾、掐丝、点釉、烧结、磨光、镀金、宝石镶嵌等30余道纯手工工序制成，并辅以5种珠宝玉石雕刻点缀。在镀金花丝以及象牙、松石、玛瑙、青金石、木变石、孔雀石等名贵材料的映衬下，更显做工精巧、纹

《太平有象》的部分手绘稿

鏨胎掐丝珐琅　太平有象　高209厘米

为时代添一分光彩　为历史留一片记忆

——记献给祖国六十华诞之工艺美术『四大名旦』珍品

样华丽、层次丰富、结构饱满。特别值得一提的是，《太平有象》的创作在继承优秀传统的同时，进行了积极的创新。创作团队勇于挑战传统景泰蓝的生产制作工艺，首次尝试将六头大象和六瓣瓜纹瓶有机地结合，器型硕大，造型复杂，工艺难度在景泰蓝行业中非常罕见。瓜纹瓶两耳采用了绶带鸟的造型，这是首次将绶带鸟这种传统吉祥纹样运用于珐琅工艺，很好地表达了长寿、长久的寓意。瓶身选用的纹样不仅有传统元素，更有现代创新图案，如长城、天坛、仙鹤、白鸽等，内涵丰富，寓意吉祥。

太平有象，盛世繁华。錾胎掐丝珐琅《太平有象》作为一件工艺珍品，它承载着皇城的记忆，氤氲了当代的精神。国有象，则天下太平；家有象，则富贵美满。

九龙浴佛　国泰民安

北京工艺美术"四大名旦"珍品之一珊瑚玉雕《九龙浴佛》历经3年的策划创意、设计制作，终于在2011年6月底在众人的翘首企盼下正式亮相。随着获得2011年中国玉（石）器"百花奖"特等金奖的《九龙浴佛》的圆满呈现，我们的美好愿望——新"四大名旦"珍精品终于齐聚北京工美、完美面世。

2008年夏，北京工美集团偶然间购得一棵国内罕见的整枝珊瑚树。它高约50厘米，宽近70厘米，重达5100克，质地细密，色泽红润，株型完美，属于珊瑚中的上品。针对这颗珊瑚树的珍贵性，我们邀请玉雕界、故宫博物院、佛教协会等方面的专家多次召开研讨会，进行论证，分别提出了整枝保留、珊瑚花丝镶嵌、九龙灌浴等多套创意思路。我们结合专家意见，根据珊瑚的特点，最终确定了"九龙浴佛"的创作思路，由中国工艺美术大师郭石林和北京工艺美术大师张铁成亲自操刀，雕刻制作。

珊瑚玉雕《九龙浴佛》总宽66厘米，通高68厘米，工艺精湛，构思巧妙，表现的是"九龙灌浴、花开见佛"的祥瑞妙境。根据佛教典籍《本行经》记载：佛祖释迦牟尼一诞生就能说话会走路，他向东南西北四个方向各走了七步，每走一步，地上就开出一朵莲花。他一手指天，一手指地，说道："天上天下，唯吾独尊。"一时间，香风四散，花雨缤纷，仙乐和奏，诸天神人齐声赞颂。地上也自然涌出二泉，一冷一暖，香洌清净。天空中出现九条巨龙，吐出水柱，为其沐浴净身。作品在设计制作过程中因材施艺，巧妙地利用了这枝珊瑚树饱满和出神入化的天造之美，克服了珊瑚质软易折、雕刻抛光颇为困难等各种不利因素，尤其是突破常规，保留了树杈顶部白色嫩枝，既丰富了作品的色彩，又完整地保留了整枝珊瑚树的原有造型，十分神似地表现出佛祖的诞生地——蓝毗尼园内的无忧树。我们根据珊瑚枝杈走势，因形而制，设计雕刻出九条飞龙盘绕于苍穹间，神态各异、栩栩如生，再随树形雕刻祥云、牡丹、莲花、百合等纹饰，再现佛祖诞生时云蒸霞蔚、香花缤纷的奇异景象。珊瑚树下采用加拿大碧玉雕刻成水座，泉水如注，翻卷出层层浪花，雕工细腻，动感强烈。水座上立一尊和田白玉雕刻的佛祖释迦牟尼出生像，一手指天，一手指地，立于莲花之上。佛祖通体洁白，宝像庄严，指天的手指携巧色如意祥云，构思精妙，巧夺天工。玉雕整体造型灵活生动地演绎了佛祖诞生这一神圣而庄严的佛本行故事。九龙灌浴为佛祖释迦牟尼"八相成道"过程中极为重要的第三相，因此在信仰佛教的不同地区形成了非常知名的佛教节日——浴佛节。在这一天，全世界的佛教寺院都会举办各种形式的浴佛活动，以祈求国泰民安、万世太平。而佛祖诞生时的诸多奇异祥瑞也具有了极为吉祥、殊胜的美好祈愿。龙为佛教天龙八部之护法神，具有驱邪辟恶、护佑众生的天职。莲花为佛教圣物，象征着佛教的出世和圣洁。佛像本身的加持、神圣和无限护佑更是具有不可言说和不可限量的力量。

珊瑚玉雕《九龙浴佛》从策划创意到制作完成历时三年半的时间，

153

作品融会了形神兼备的意境和流畅细腻的技艺，造就了精美绝伦的工艺精品。珍品传千古、浴佛祈太平。在作品的雕刻阶段，由于珊瑚具有易折断的特性，在虬曲盘结的珊瑚枝上满雕纹饰极具风险，需要高超娴熟的雕刻技艺。由于这棵珊瑚树形完整，极为珍贵，玉雕大师张铁成带着高级技师刘辉、吴志强全力以赴，不敢有一丝的懈怠。他们边做边琢磨，在珊瑚去皮、雕刻、抛光等不同的过程中，分别制作不同的工具，加工谨小慎微。为了保留珊瑚末端极为细小的枝杈，更是小心翼翼、费尽周折。珊瑚雕刻的最大难题就是抛光，由于枝杈极为细小精致，稍有不慎就会碰折，而抛光又需要一定的力度才能达到光洁润泽的效果。几位技师发挥所长，极为细致耐心、一点一点地完成了整棵珊瑚树的抛光，最终抛光完成的珊瑚主体柔光如漆、细腻润泽。

《九龙浴佛》选取了珊瑚、白玉、碧玉、紫檀等珍贵材料，如何将几种材质结合得浑然一体，这既是创意难点，又是工艺难关。经过众人的智慧碰撞，匠心独运地将珊瑚树栽入碧玉水座，内部辅以支撑，巧妙地将两种材质尺寸配合紧密，终于完美地展现了作品的浑然天成。

在作品诞生的背后，寻找碧玉和白玉又是一段极为波折艰辛的过程。碧玉因其矿石特性的缘故，基本都会有黑色的斑点或灰白色的杂

《九龙浴佛》原料之一——未经剥皮的珊瑚树　高50多厘米　宽近70厘米

北京工美集团总工艺师郭鸣（左）与北京工艺美术一级大师张铁成研究《九龙浴佛》雕琢方案

质，很难找到大块而干净的原料。在经过将近两年的看料、采购和切割之后，最终于2010年底找到了一块重达700余千克的合适的碧玉原料，为整件作品的完美呈现奠定了基础。如果说购买碧玉已是费尽周折，那么白玉的寻找就更如大海捞针般艰难，张铁成和王建为此付出了艰辛的努力。自古雕刻佛像对玉料的要求极高，尤其是祖露在外的皮肤部分，不能有丝毫的瑕疵和色差，同时要求整块玉料洁白无瑕，以符合佛教规仪中对佛陀的尊重和顶礼之意。我们最初购买了两块和田籽料，谁知开料后却发现打眼了，玉料内部满是深色绺裂和斑点杂质，只能忍痛放弃。随后，我们再次奔波于国内的各大玉料集散地，看料无数，都不满意。直到2011年春节后才花巨资从别人手里"抢得"一块24千克的上等白玉。非常庆幸的是我与张铁成、王建、徐东、刘玉宾组成了一个密切协作的设计制作团队，在各个创作的关键节点和遇到困难的时刻，我们始终保持信任、相互支持、默契配合，确保了又一件好作品的诞生，使我真实地体会了"天有时，地有气，材有美，工有巧。合此四者，然后可以为良"的深刻内涵。

为时代添一分光彩　为历史留一片记忆
——记献给祖国六十华诞之工艺美术"四大名旦"珍品

珊瑚玉雕《九龙浴佛》的完工面世，不仅为当代工艺美术留下了一件传世珍品，更是北京工美集团创新发展传统工艺美术的又一次成功尝试，它是传统工艺文化与现代人文精神珠联璧合的结晶。

强大的社会，必能孕育繁荣的文化；伟大的文化，必然滋养精湛的

珊瑚玉雕　九龙浴佛　宽66厘米　高68厘米

北京工美集团党委书记、董事长李节（右二）等领导共同观看珊瑚玉雕《九龙浴佛》

工艺。北京工美集团推出"四大名旦"系列珍品，延续了北京工艺美术的优秀传统，也记录了北京工艺美术的当代成就。北京工美集团两任董事长郭泰来和李节以及两届领导班子用他们深厚的情感、独特的视角、果断的决策给予了直接而有力的支持。在艺术创作和工艺制作上，这四件重大题材珍精品项目锻炼了工艺美术行业的新生力量，一批年轻的工艺美术师参与了设计工作，新生代的设计师与享有盛誉的工艺美术大师通力合作，新老互补、集思广益，为传统工艺美术的创新设计带来了清新空气，描绘出赏心悦目且不失启示意义的时代风貌。我们也期待，"四大名旦"系列珍品能够作为工艺美术行业尊重传统、锐意进取的优秀范本，激励后人传承中国技艺、播撒中华文明。

郭　鸣　北京工美集团有限责任公司总工艺师，高级工程师，北京一级工艺美术大师，其"郭鸣创新工作室"是北京市总工会和北京市科委于2011年联合授予的30家以领军人物名字命名的市级职工创新工作室之一。

国礼造办

◎ 赵书

　　国礼，是人类进入"地球村"时代的重要文化用品，它承载着向友好国家表达美好感情、良好祝愿和介绍本国民族文化的责任，浓缩了一个时代的文化精华，是国家综合形象的代表。国礼要求能长期保存，有历史认识价值和杰出欣赏价值，是精神文明和物质文明相结合的产物。在国家元首或政要的正式社交活动中，国礼是友谊的见证，是永不卸任的"友好使者"。"造办"一词始于清代康熙年间，就是专门办理为宫廷所需的各种礼仪器物、日常用品、艺术陈列品的机构，是体现国家审美意识产品的制造场所。

　　国礼是代表国家赠送的，因此各国在礼物的选择上注重体现本国自然物产和传统文化特征，使受赠国家能对自己国家的文化有感性认识。国礼还需有时代特色，反映一个国家的综合发展水平。我国是历史悠久的文明国家，每个时代遗存下来最鲜活、最直观的文化代表都是手工艺品。文化的要素之一是人对自然的干预和顺从，是最基本的文化事项，最典型的就是人工创造工艺美术作品。我国领导人向国宾回礼，或出访时向所在国领导人赠礼，通常选用有中国传统文化特色的工艺美术品，诸如景泰蓝、玉器、瓷器、刺绣、纺织品等，手工艺是最能体现人的心灵与自然对话的文化事项，是传统文化的结晶。

新中国成立后，外国国家元首、政府首脑以及重要外宾纷纷访华，中国领导人也应邀出国访问，相互赠礼，使国礼的需求随着我国国际地位的提高而增加。国际交往需要国礼，能够承接国礼造办任务的必须是具有相当实力的行业领军企业，北京工美集团就是其中的佼佼者。北京工美集团旗下有"中国工艺美术第一店"的王府井工美大厦；有专门设计、制作各种奖章、奖牌、纪念币、金银饰品、摆件、民族工艺礼品等的设计研发团队；有自己独立的进出口公司；有三块牌子、一班人马的北京市首饰质量监督检验站、国家轻工业局首饰质量监督检测中心、国家首饰质量监督检验中心；有京城第一家专业性工艺美术博物馆——北京工艺美术博物馆；有北京市唯一的一所专门从事工艺美术职业教育的国家重点技工学校——北京市工艺美术高级技工学校……经过30年的精雕细琢，北京工美集团通过产品经营、品牌经营、文化经营和资产经营，已形成具有较强自主创新力、品牌影响力和市场竞争力的文化创意产业集团。

数十年来，北京工美集团承担着国家级礼品的设计生产任务。其代表作有：中国恢复联合国席位送给联合国的第一份礼物象牙雕刻《成昆铁路》；赠送给联合国世界粮农组织的丝绫堆绣座屏《清明上河图》，等等。这些制作精良，造型各异、构思巧妙、立意高雅、情义盎然的国礼，是中华民族传统文化的代表。国礼造办——北京工美集团名副其实。"分享"国礼，也是你我的乐趣。观看国礼，是一种高尚精神享受。国礼的最大特点是：拥有者是国家，享受者是世代观众；国礼原物虽已出国，为制国礼而形成的技艺留在了"造办"。让我们通过照片，领略这些历史奇观吧！

民族精神的升华：牙雕《北海全景》

《北海全景》是被毛泽东主席盛赞为"很高明的艺术家"的中国工艺美术大师、著名牙雕大师杨士惠的杰作。杨士惠是杨派牙雕创始人，著名的雕刻艺术家，他曾用象牙为毛泽东主席、周恩来总理雕像，是北京牙雕行业的杰出代表。大师"高明"之处就是用自己一技之长，反映了亿万中国人民的时代理想。

1954年9月，全国人民喜气洋洋庆祝新中国成立5周年。普天同庆的热烈气氛感染了艺术大师杨士惠，使他萌发了用牙雕反映历史事件，让牙雕起到著书立说作用的构想。伟大的艺术作品均是来自大师

牙雕　北海全景　杨士惠设计　长200厘米　重50多千克

们发自内心的创作激情，他选定了最有传统文化特色的北京城市中心的北海公园作为实现构想的背景。为了体现中国园林的神韵，他无数次到北海公园实地考察，从创意构思到最后雕成作品，历经两年多的时间。在与其他艺人的通力合作下，牙雕《北海全景》于1956年春夏之际完成。这件作品轰动了全国，人们说：不是杨士惠用象牙雕出的北海，而是象牙内本身就有一个"北海"，杨士惠只不过是用刻刀把它剖出来而已。为什么这么说？这就叫巧夺天工，浑然天成！这是人的心灵与自然对话的结果，充满灵动之气，有非凡的感染力。1957年，毛泽东主席去苏联参加苏联共产党诞生40周年庆祝活动时，这件作品作为党中央礼品赠给苏联共产党。

牙雕《北海全景》长200厘米左右，重50多千克，表现了北京北海

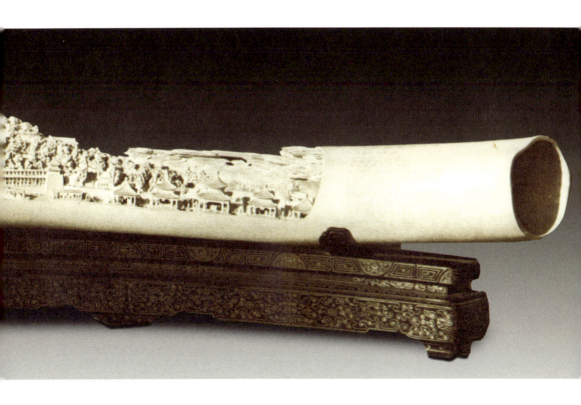

公园的旖旎景色。高高的琼华岛，圣洁的小白塔，玲珑的五龙亭，葱茏的苍松翠柏，袅娜的流云垂柳，湖水荡漾，游船点点。在这充满诗情画意的景色中，彩旗飘扬，游人如织，有叙旧的老人、嬉戏的儿童、欢歌的少女、起舞的青年，还有陶醉在幸福中的母亲和婴儿。处处莺歌燕舞，一片鸟语花香，成功地表现了我国各族人民欢庆新中国第一部宪法诞生的动人景象。杨士惠用牙雕记录历史的愿望实现了，历史也给了这位高明的艺术家丰厚的回报——中国和俄国（前苏联）20世纪50年代友谊的见证。一件倾注艺术家心血的传世艺术品，连接了两个伟大民族的心，在今后的历史长河中，发挥着友谊使者的作用。

时代英雄的凯歌：牙雕《成昆铁路》

在联合国总部，至今还珍藏着20世纪70年代新中国赠送给联合国的第一件礼物——牙雕《成昆铁路》。这件礼物使世界各国了解到新中国的伟大建设成就，感受到中国人民战天斗地的英雄气魄，发挥了巨大宣传作用。1984年12月8日，联合国宣布中国成昆铁路、美国阿波罗宇宙飞船登月、苏联第一颗人造地球卫星上天，并称象征20世纪人类征服自然的三大奇迹。世界各国对成昆铁路建设这样高的评价，与中国恢复在联合国的合法席位时，中国政府将象征成昆铁路伟大工程的牙雕《成昆铁路》作为国礼赠送给联合国有一定关系。许多人没有机会去参观成昆铁路，可是在这件牙雕上，同样感到了工程的巨大，施工的艰辛。这件作品之所以能感动人，首先是策划者、制作者的独具匠心。

作为献给联合国的国礼，在选材和设计上自然是慎之又慎。周恩来总理的批示中写道："象牙雕刻作品作为国礼要反映出社会主义的建设成就。" 经过几个月的构思和讨论，专家小组一致认为成昆铁路是反映社会主义建设成就当之无愧的题材。成昆铁路穿越地质大断裂带，设计难度之大、工程之艰巨、施工之复杂，均属前所未有。沿线山势陡

牙雕　成昆铁路　王树文等集体创作　高110厘米　宽195厘米

峭，奇峰耸立，深涧密布，沟壑纵横，地形和地质构造极为复杂，被多
国专家断言为"修路禁区"。成昆铁路突破"禁区"建成通车，震惊世
界，堪称世界交通史上的奇迹。

　　伟大的工程需用高超的艺术手段记载下来，才能穿越时空传之于
世，牙雕又一次承担了这项历史任务。象牙雕刻《成昆铁路》高110厘
米，宽195厘米，由140多名工人参与制作，用8根大型象牙拼镶而成，
打破了以往在一支象牙上雕刻的传统作法，在艺术处理上把透雕和浮雕
相结合，将西画的焦点透视和国画的散点透视相结合，使整个作品浑然
一体，工艺的精湛令人赞叹，艺术地表现了中华民族在险峻山区修建一

条铁路干线的伟大创举。作品利用象牙雕刻精微细腻的优势，将高山峻岭、茂密的丛林微缩在眼前，展现了成昆铁路盘绕在崇山峻岭中的宏伟景观，一山一石、一草一木都栩栩如生，展现了成昆铁路穿山越岭、横跨江河的雄伟气势，表现出中国人民的智慧和勇敢，是时代英雄主义的凯歌。中国之所以蒸蒸日上，是因为中华民族是勤劳勇敢的英雄民族；中国之所以走向繁荣富强，是因为爱国主义旗帜高高飘扬。

再现经典：丝绫堆绣《清明上河图》

工艺美术可以对其他艺术的经典作品进行二度创作，使这些经典作品能在新的历史时期以新的面貌得以再现。1996年，时任国务院总理的李鹏在选国礼时，将北京工美集团有限责任公司所属的北京市抽纱研究所名誉所长、国家级工艺美术大师崔洁创作的丝绫堆绣座屏《清明上河图》中最经典的《虹桥》一段赠送给联合国世界粮农组织，受到与会各国人民的赞美。

大家有所不知，宫廷补绣亦称丝绫堆绣，是历史上为宫廷需求而产生的，世代传承并存续至今的传统手工技艺之一，已被列入北京市非物质文化遗产。现在的宫廷补绣工艺由北京工美集团有限责任公司工艺品厂抽纱研究所传承与发展。2011年，北京工美集团专门拨付产品研发专项基金，用以支持这一"非遗"技艺的传承，对历代宫廷补绣精品进行研究、复制，并召开学术研讨会，培养传承人，为大师选配年轻徒工。

话说北宋大画家张择端的《清明上河图》，是一副工笔墨线绘制的手卷，对北宋末期徽宗时代首都汴京繁华景象与郊野自然风光进行了史诗般的描绘。作品以中国画特有的长卷形式，采用散点透视的构图法，将繁杂的景物纳入统一而富有变化的画面中。人物神情各异，情节生动，具有戏剧性；构图疏密有致，体现了东方审美情趣，具有装饰性；注重节奏感和韵律变化，笔墨章法都非常巧妙，不愧是中国绘画经典之作。辅仁大学美术系毕业的中国工艺美术大师崔洁，以他深厚的文化修养和多年从事挑补绣美术设计的艺术功底，带领抽纱研究所人员用丝绫堆绣工艺对《清明上河图》（全卷）进行再创作，并以丰富的色彩、精致的针线工艺再现了这幅经典画作。

为了使当代人更好地欣赏这一经典作品，丝绫堆绣屏《清明上河图》按照国画原作放大4倍，宽220厘米，高100厘米，使画面更加突出。该作品共11扇，采用高档丝绢，运用补绣技艺，再现原作风韵。作品清雅而含蓄、靓丽而恬淡，将传统的补绣与宋代的绘画巧妙结合，形成了自己独立的艺术品格。作品又借鉴现代绘画技巧，使画面中北宋年间的人物与场景既有油画的立体效果，又不失国画工笔重彩之观感。这件作品较好地

丝绫堆绣座屏《清明上河图》中"虹桥"部分

体现了原画的艺术魅力与文化含义，其创作形式是前无古人的。

至今，很多人对北京工美的认识仍都始于这件国礼。

重塑辉煌：补绣《唐女马球图》

2008年，北京奥运会期间，作为国礼赠送给国际奥委会主席罗格先生的宫廷补绣作品《唐女马球图》同样出自北京抽纱研究所。

这件描绘中国古代体育风貌的作品由北京工艺美术大师贾大双设计，徐金香、赵伟等集体制作的。这件作品题材好、做工好、画面美，一问世就好评如潮。宫廷补绣作品《唐女马球图》，获得第十届中国工艺美术大师作品暨国际艺术精品博览会"天工艺苑·百花杯"中国工艺美术精品奖金奖。为了突出画面中宫廷活动的豪华和从事体育活动人物

补绣　唐女马球图　贾大双设计　徐金香　赵伟等制作

的动感，该幅作品选用高档的丝绸和花绫为主要原料，加以绣线、棉絮等多种材料，结合精湛的宫廷补绣浮雕拨、刺绣等工艺。这些技术上的创新，给历史题材的《唐女马球图》有了新的生命力，成为第29届奥运会上的一个文化亮点：中国古代的体育活动竟有如此美丽的画面！

　　《唐女马球图》是根据现代画家罗远潜的工笔画《仕女马球图》二度创作而成。以唐朝年间唐女打球为主题，五骑人马，挥鞭而行，栩栩如生，形象各不同而又前后呼应，彼此联系，构成了一个整体，塑造的人物立体形象，色彩古朴典雅。马球，在我国古代的史籍上称"击鞠""击球"或"打球"。唐代是我国马球盛行的时期，马球是一种军事训练的手段，也是一种很好的娱乐活动。"百马攒蹄近相映，欢声四合壮士呼"。无论是参加打球，还是观看比赛，马球运动都能使人精神振奋。唐代是我国封建社会的鼎盛时期，社会上需要有休闲娱乐，于是马球运动成为受社会欢迎的活动。作战的军士要练武，闲暇的富民要娱乐，上自皇帝，下至诸王大臣、文人武将，大多都以此为乐。以《唐女马球图》赠国际奥委会主席，的确很有创意。工艺美术国礼是个大舞台，古今中外的优秀作品均可在此一展风采。

　　除了"国礼造办"，北京工美集团还在地方政府的往来中架起桥梁。为庆祝香港、澳门回归，当年，北京市政府的礼单就是北京工美集团置办的。

引吭高歌：景泰蓝《普天同庆》

　　景泰蓝《普天同庆》大瓶，是香港回归时北京市政府赠送给香港特区政府的礼品，由北京工美集团旗下的北京市珐琅厂（有限责任公司）制作完成。作为全国景泰蓝行业中唯一的一家中华老字号，北京市珐琅厂创建于1956年1月，厂名是郭沫若手书。集景泰蓝产品研发、制作、商贸、旅游为一体，是北京市重要外事接待单位，全国工业旅游示范点。北京市珐琅厂已然成为国内生产经营景泰蓝产品规模最大的专业企业，其主导产品"京珐"牌景泰蓝行销世界。

《普天同庆》大瓶由中国工艺美术大师米振雄等设计，工艺美术大师、老艺人刘玉彩等制作。既会设计，又能掐丝制作，米振雄的作品

景泰蓝　普天同庆　米振雄等设计　刘玉彩等制作　高180厘米　直径80厘米

拥有继承与创新的双重美感。在他的带领下，经过珐琅厂专家组反复讨论，最终确定了"普天同庆、喜迎回归"的主题，通过造型、纹样、色彩，运用景泰蓝设计、制作的特殊工艺技巧，集中表现北京、香港两城市的友谊和亲情，表现对香港特别行政区成立的良好祝愿。

《普天同庆》大瓶高1.8米，最大直径0.8米，大瓶造型端庄、雄伟壮观，精美华贵，金碧辉煌，文化寓意深刻。装饰纹样采用中国的传统花鸟图案。花卉以北京市市花菊花、月季和香港特区区花紫荆花以及象征富贵的牡丹、玉兰等为主，大瓶的正面是一对吉祥孔雀站在菊花、紫荆花及红叶组成的花丛中，背面是两只锦鸡站在争奇斗艳的牡丹、玉兰花丛中，寓意香港繁荣昌盛、人民安居乐业。大瓶的颜色以白色衬底，主要使用了红、蓝、绿等色调，整体色彩稳重谐调，局部绚丽斑斓，既体现了中华民族古老文化，又表达了国泰民安、普天同庆、前程似锦之意。是一对不可多得的景泰蓝艺术珍品。

赞美祖国　雕漆大盘《花好月圆》

1999年12月20日，澳门回归。

北京市政府送给澳门特区政府的礼品，既要具有鲜明的北京特色，又要能充分体现庆祝澳门回归和澳门特别行政区成立这一主题。北京工美集团旗下北京雕漆厂大显身手，设计的雕漆大盘《花好月圆》堪称一绝。在直径108厘米的红色圆盘上，雕刻出北京颐和园和澳门妈祖庙的绮丽风光。经过三轮竞标，终被定为市礼，不仅得到了时任北京市市委书记贾庆林和市长刘淇的赞赏，更承载着首都人民的美好祝福远赴澳门。

雕漆大盘《花好月圆》直径108厘米，连同木座总高为172厘米，净重68千克。盘口为黄铜鎏金，盘中央为风景图案。风景图案上半部分为世界文化遗产——北京著名的皇家园林颐和园，下半部分为澳门传统建筑妈祖庙，两地以澳门友谊大桥相接，饰以碧水莲花、彩云追月。大

雕漆　花好月圆　直径108厘米

盘的颜色以绿色为衬底，与澳门区旗的颜色相同，象征着澳门，盘中图案为红色，象征着祖国内地。整体设计寓意北京与澳门两地人民血脉相连，共同欢庆澳门回归，并盼望祖国早日完成统一大业。

北京工美集团历史上为党和国家及北京市的对外文化交流、经济建设和精神文明建设作出了重要贡献，承担了众多的国礼的制作任务，除了上述列举的，还有很多，例如：

1952年，朱德委员长赠送民主德国总统皮克先生寿辰庆典的牙雕《颐和园》；

1956年，中国政府赠送印尼总统的花丝镶嵌《颐和园石舫》；

1965年，刘少奇主席赠送巴基斯坦访问团的绢塑《脚铃舞》；

1997年，文化部赠送给外国元首的景泰蓝《粗壮瓶》；

2003年，中国奥委会赠送国际奥委会的玉雕《北京奥运徽宝》；

2004年，北京市委书记刘淇赠送法国总统的玛瑙《祝贺成功》。

……

传承历史　开创未来

自2005年开展非物质文化遗产保护工作以来，象牙雕刻、玉雕、雕漆、景泰蓝等特种工艺美术技艺分别被列入国家、市、区保护名录，每个项目均确定了传承人，使工艺美术进入了一个历史发展的新阶段。

工艺美术是人和自然材质的对话、沟通的结晶，是有形的文化、无声的音乐，体现当代人的审美情趣和动手能力的造型艺术。人和自然对话，主体是人。北京工艺美术人才来自全国各地，有的来自中央工艺美术学院（现为清华大学美术学院）以及全国其他省市的艺术院校，有的来自北京市工艺美术学校（现为北京工业大学艺术设计学院），现在的一线技术骨干很多人来自北京市工艺美术职业技术学校。工艺美术要发展，关键是要有优秀的传承人。传承人是什么人？传承人是文化人。现代化社会要有现代化的文化人，这种文化人一是要有鲜明的民族文化身份，二是要承担传承文化的责任，三是要明确今后文化发展的方向。纵观上述这些经典礼品的设计制作者，均是有时代思想高度的文化人。他们有的被推选为各级人大代表，有的是各级政协委员，还有的是社会公认的当代艺术家代表。

重视人才培养是北京工艺美术的优良传统。建于1958年的北京工艺美术学校是"工艺美术大师的摇篮"，她是我的母校，也是我的骄傲。如同哈佛大学曾走出过多位美国总统一样，当年，隶属于北京工美集团的北京工艺美术学校，也培养了一批中国工艺美术行业的精英。他们中既有清华大学美术学院院长，也有旅居海外的知名画家；既有中国画院院长，也有国家级工艺美术大师、著名民俗学家。许多非物质文化遗产传承人的头衔，都落在了工艺美校毕业生头上，如景泰蓝、花丝、玉器、雕漆、象牙雕刻等。20世纪80年代后期以来，工艺美校的毕业生中先后有60人被评为国级和北京市一、二、三级工艺美术大师，成为北京地区工艺美术行业一支重要的专业骨干技术力量，为北京地区工艺美术事业的发展发挥了举足轻重的作用。比如，香港回归北京市政府赠送的大型景泰蓝瓶是工艺美校毕业生设计的，有许多年天安门广场国庆花车是工艺美校毕业生设计的，全国各地许多重要的城市雕塑是工艺美校毕业生设计的，海外的中国艺术节是工艺美校毕业生参与策划与设计的，2010上海世博会一些场馆的馆内设计是工艺美校人参与的……作为上下级单位，许多北京工艺美术学校的毕业生都被分配到了北京工美集团。国家十二五规划中提出的"人才是第一资源"，似乎已然被拥有"国礼造办"之美誉的北京工美集团、与拥有"工艺美术大师摇篮"之称的北京工艺美术学校所证明。

以国礼为标志的工艺美术品是社会主义先进文化的重要组成部分，它在人民日常生活中应用的力度，是显示综合国力的重要因素。优秀的工艺美术作品是激发民族创造活力持续迸发的视觉动力，是显示生活丰富多彩的具体形象。工艺美术发展水平是体现人民群众文化自觉、文化自信的重要内容。工艺美术是建设中华民族共有精神家园中的艳丽花朵，国礼是送给友人的一朵奇苑。

赵　书　北京市文史研究馆馆员，是从北京工艺美校走出的民俗学家。从23岁起，曾连任6届38年的北京市政协委员，对工艺美术行业很有研究。

世纪奥运　铸就辉煌

◎ 刘一达

跨越新世纪　迎接新考验

21世纪，人类进入了一个历史的新纪元。随着科学技术的进步和全球经济的快速发展，人们的思想、文化、意识、观念也面临着新的挑战。工艺美术作为历史文明和现代化的重要载体，也将在这个历史阶段的跨越中，进入一个崭新的历史时期。

不可否认，北京工美集团从成立到迈进21世纪的门槛，已经从最初的"年轻"，开始走向"成熟"。北京工美作为北京文化的重要符号，其文化价值和经济价值在新的历史时期已经凸现出来。尤其是对非物质文化遗产的保护，她的价值越来越受到全社会的认可。作为全国工美行业的一个重要的旗舰性集团，她的地位已无人能取代。

但是树大招风，"木秀于林，风必摧之。"就工艺美术的特性而言，越是大的企业，在市场经济激烈竞争的大风大浪中，风险越大。决策者稍有不慎，一个决策的失误，就有可能使整个"舰队"遭遇不测，甚至会"翻船"。

如何在新世纪的开局之年，抓住历史的机遇，迎接挑战，带领集团员工，开创一片新的天地，是摆在集团领导班子面前的一份考卷。

参与奥运　争得先机

21世纪初，北京人最大的一件事就是申办奥林匹克运动会。说起申办奥运会，北京人心中有一个"结"，因为早在1991年，北京便开始着手申办2000年的第27届奥运会了。这一年的4月11日，经国务院批准，北京2000年奥运申办委员会正式成立，但遗憾的是在1993年9月，国际奥委会第101次会议上，对2000年第27届奥运会申办城市的表决时，北京以两票之差落选。

也许当时举办奥运会的时机尚不成熟，北京与第27届奥运会的举办权擦肩而过。但是进入20世纪90年代，中国的经济进入高速发展，国民经济总产值以每年10%左右的速度快速增长，到1999年，中国已成为世界经济发展最快的国家。整个国家的综合国力大大增强，可以说，举办一届历史上完美的奥运会的条件已经成熟。

1999年，经国务院批准，北京再一次向国际奥委会提出举办奥运会的申请。这本承载着13亿中国人民对奥林匹克无比向往的《北京承办2008年第29届奥运会申办书》，是由北京工美集团的大师们以仿奏折的形式，精心设计制作的。当时北京市市长刘淇，向国际奥委会主席萨马兰奇正式递交申请书后，一个宏伟的蓝图便在北京工美集团的领导班子成员中应运而生。

北京工美集团原党委书记、董事长郭泰来在领导班子会上明确表

2001年，"申奥，有我一个"万人签名红绸在北京奥申委展出

示：申办奥运，是北京工美集团千载难逢的机遇，在新世纪来临之际，我们一定要抓住这个历史机遇，大展宏图。

紧接着，北京工美集团响亮地提出了"申奥，有我一个"的口号。这个口号落地有声，也反映了13亿中国人的心声，很快经各个媒体的宣传，响彻全国。

2001年7月13日，在莫斯科举办的国际奥委会第112次会议上，经投票表决，北京获得了2008年奥运会的举办权。申奥的成功，极大地鼓舞了北京工美集团的干部和员工。"申奥，有我一个"的口号，变成了"奥运，有我参与"。

在集团领导班子会议上，北京工美集团原党委书记、董事长郭泰来明确，今后工美的中心任务就是要围绕奥运大做文章。领导班子响亮地提出"参与奥运、奉献奥运、服务奥运"的决策。

数十年来，北京工美集团一直承担着国家级礼品的设计制作的任务。党和国家领导人赠送给外国国家元首的国礼，大部分出自北京工美集团。中国恢复联合国的合法席位后，赠送给联合国总部的第一份礼品象牙雕刻《成昆铁路》；中央政府颁发给十一世班禅的金印、金匾、金册；中央军委颁发给"神五"、"神六"、"神七"航天员的金质奖章等，也都出自北京工美集团。凭借北京工美集团的名气、名誉和实力，我们相信集团公司一定会在2008年奥运会这个大舞台上大显身手。

机遇永远眷顾那些有心理准备的人。而当这种机遇来临之际，决策者必须紧紧抓住不放。2003年3月，北京奥运会会徽的设计方案，经过奥组委的多轮筛选之后，终于最后敲定，这就是众所周知的"中国印"。

按奥组委的计划，这个会徽，要以隆重的仪式向全世界发布，与此同时，将制成两方"北京奥运会徽宝"，其中一方将珍藏在中国国家

2002年，国际奥委会市场开发委员会主席海博格（右二）将自己的国际奥委会委员专有徽章别在北京工美集团原党委书记、董事长郭泰来的胸前（左一）

博物馆，另一方作为13亿中国人民积极参与奥林匹克运动的历史见证，被送往坐落在洛桑的奥林匹克博物馆永久珍藏。北京奥组委把设计制作"奥运徽宝"的任务交给了北京工美集团。

北京奥组委之所以把如此光荣而又艰巨的任务交给北京工美集团，是因为北京工美集团具有这样的技术和实力。北京工美集团不但有丰富的经验和光荣的传统，还有一支特别能战斗的团队。

说老实话，集团的领导接受这样的重托，也深感压力。因为奥组委规定的时间非常紧迫，同时，在把奥运会徽向世界公开发布之前，所有的设计和制作是在严格保密的情况下进行的，这就要求北京工美集团要在最短的时间内拿出设计方案，并且确保万无一失。

没有压力就没有动力。北京工美集团的领导深知设计制作"奥运徽宝"，对北京工美来说是千载难逢的历史机遇，这一仗如果成功，将会使北京工美在新世纪打开良好的开局，从而使北京工美的事业迈上新的台阶，所以只能成功，不能失败。

调兵遣将 不辱使命

接到为奥运会徽制作徽宝的任务后，北京工美集团原党委书记、董事长郭泰来亲自挂帅，集团技术中心当天便成立了重大项目设计组。原技术中心主任、高级工艺师郭鸣调集了中心最优秀的工艺美术师们，连夜作战。根据"中国印"这一特定的选题，从数百万字的历史文献中来找依据，并且到几家国家级博物馆观看实物，大家集思广益，仅用了48小时，北京工美集团就拿出了设计方案的初稿和效果图。

紧接着集团特邀北京故宫博物院原副院长、玉器专家杨伯达等著名学者专家为顾问，对设计方案进行了反复推敲论证，最后确定以故宫珍藏的"清乾隆二十五宝"中的"奉天之宝"为设计制作原型的方案。5天以后，制成的模型就送到了北京奥组委。

有道是兵贵神速。在这么短的时间内，能够拿出与"中国印"会徽如此相配的徽宝设计方案，让奥组委的官员感到吃惊。当然，让他们更为感到惊叹的是，"徽宝"的设计是如此生动传神，精美绝伦。他们称赞北京工美集团不愧是一支能代表中国工艺美术最高水平的团队。

奥组委很快同意了北京工美集团的设计方案，接下来的任务是"奥运徽宝"的制作。

千里寻宝玉　精雕出杰作

根据要求，制作"徽宝"的原料是玉。懂玉的人都知道，"千样玛瑙万样玉"。玉不琢不成器。琢玉通常是量料取材，因材施艺。

这次雕琢"奥运徽宝"则正相反。先有设计方案，再找材料，而且要在一块料上去皮挖绺，琢出两方尺寸一模一样的徽宝。经过顾问组和北京工美集团的缜密研究，并且征得北京奥组委同意，确定徽宝选用新疆的和田玉。

和田玉是中国最早使用的玉，至今有上万年历史，它产自昆仑山脉国土之巅，出品在5000米左右的雪线以上，是我国最著名的玉石品种。用和田玉雕刻的艺术品蜚声中外。

为了寻找和田玉料，北京工美集团动用了20多位精兵强将，京城内从南到北，转了几十个玉石材料集散地。像是天遂人愿，新疆和田玉地区工艺美术公司得知北京工美集团在寻料，千里迢迢送来两块玉料，其中一块青白玉开门子后没有任何瑕疵。常言说，十玉九绺，可是这块玉两厘米一刀开了六面都是干干净净，十分难得。此玉料按徽宝设计的尺寸，正好能雕两方。俗话说雕玉讲玉缘，所以，用此美玉雕琢的"奥运徽宝"真可谓天作人和。

北京工美集团的大师以前从没制作过御玺，由于青白玉的玉质较硬，加上雕琢工艺极严格，两方徽宝要雕得一模一样。时间紧迫，还要按时完成任务，这自然对大师们的技艺是一种考验。

北京工美集团不但有一支实力雄厚的设计队伍，还有多个门类、多种工艺的制作团队。这些团队有国内顶级的艺术大师，因此，集团不愁没有这方面的人才。经过集团领导研究决定，由琢玉大师蔚长海挂帅，成立"奥运徽宝"制作小组。

在蔚长海大师的带领下，他们日夜奋战，精雕细琢，一丝不苟，把自己对北京2008年奥运会的期盼之情，凝聚在徽宝之中，终于在最短的时间内，按时完成了这两件具有历史意义的杰作。

精彩亮相　世人惊叹

"奥运徽宝"承载着中国深厚悠久的历史文化底蕴，凝聚着13亿中国人民期盼奥运的美好心愿。同时，也向世人展示了北京工美集团的艺术创造力和技术实力。

北京工美集团原党委书记、董事长郭泰来，在向中外记者介绍北京"奥运徽宝"的设计和制作经过时说："从艺术角度看，它取之于具有文明积淀、权威象征、诚信标志，代表国家的玉玺原型，是在'清朝二十五宝'的基础上重新设计构思。雕琢上浑厚古朴，隽秀内敛，是一件构图疏朗、线条清丽、工艺厚重的堂皇大玺。"

国际奥委会的官员、北京奥组委的官员和国内的工艺美术专家看了这件"奥运徽宝"，无不为北京工美集团的大师们，在短短100多天里设计制作出如此巧夺天工的艺术精品而赞叹。

会徽发布活动的总导演张艺谋，看了设计方案和石膏模型，也同样惊呆了。见多识广的张艺谋没有想到"徽宝"的设计与制作与会徽是如此相得益彰。他当场对奥组委的官员表示，以"奥运徽宝"为主线，重新修改拍摄脚本。

"奥运徽宝"的设计取之"奉天之宝"的原型，但绝不是照搬照抄，不拘泥于原型，而是取其神意。在展现中华传统文化博大精深、历史悠久的同时，又赋予它时代的气息，展示人文奥运的风采。

"徽宝"的所有尺寸都有特殊的寓意和文化内涵："徽宝"边长112毫米，代表从1896年到2008年，现代奥运会已经走过112年；台面高29毫米，具有第29届奥运会的含义；钮高96毫米，象征着中国的陆地面积960万平方公里；总高13厘米，代表中国13亿人民心向奥运。

而且"徽宝"的用料是中国的和田玉。中国的玉文化有着丰富的文化内涵，用玉制作"徽宝"有五层寓意：取玉之仁，润泽而温，代表奥运精神的和平团结；取玉之义，表里如一，代表奥运精神的博大包容；取玉之智，锐意进取，代表奥运精神的创新进步；取玉之勇，不屈不挠，代表奥运精神的顽强拼搏；取玉之洁，纤尘拂污，代表奥运精神的高尚纯洁。

放徽宝的宝盝高200.8毫米，寓意2008年北京奥运会；座高56毫米，每一边由14个宝相花瓣组成，4面共56个花瓣，代表56个民族；宝盝的顶面是天坛图案，代表北京；四面是相连的长城图案，代表中国。

北京工美集团原党委书记、董事长郭泰来（右一）、中国工艺美术学会副理事长唐克美（左一）为北京奥运徽宝——中国印选料

北京奥运徽宝——中国印

【鸣谢函】

致北京工美集团有限责任公司

在党中央、国务院和北京市委、市政府的领导与关心下，在中央国家机关和北京有关方面的大力支持下，在各界群众的广泛参与下，我委于二〇〇三年八月三日在天坛公园祈年殿成功举办了北京·二〇〇八年奥运会会徽暨第二十九届奥林匹克运动会组委会会徽记发布仪式。

会徽发布仪式是北京奥组委一次重要的活动，是奥运会筹办阶段具有里程碑意义的庆典，在国内外产生了重大影响。发布仪式的成功举办，对进一步树立中国和北京的良好国际形象，动员全民积极参与奥林匹克运动发挥了重要作用。在会徽发布活动获得圆满成功之际，专此感谢贵单位领导及员工在此次活动中所做的工作和贡献费单位对活动的积极参与与大力支持，对贵单位领导及员工在此次活动中所做的工作和贡献表示深深的谢意。

此致！

新闻宣传部
第二十九届奥林匹克运动会组织委员会

1
2

1. 2003年，北京奥组委新闻宣传部副部长张海峰在瑞士洛桑国际奥委会总部，将北京奥运徽宝——中国印正式移交给国际奥委会奥运会执行主任费利

2. 第29届奥林匹克运动会组委会致北京工美集团有限责任公司的鸣谢函

整个宝玺外观均为紫檀浮雕。绶带所系之宝玺为彰显奥运精神，弘扬中国文化之物，故设计成子母结，母结为真丝回龙穗，五个子结分别用蓝、黑、红、黄、绿奥运五色丝带编织，象征奥运大家庭团结一心，共同谱写奥运新篇章。绶带自钮孔中穿出，打一个同心结，意为同心同德。锦盒选取杭州真丝织锦的面料装裱，图案为宝相花，取富丽珍贵之意。

可以说，"奥运徽宝"凝聚着工艺美术大师的智慧，也体现了中国历史文化的深厚内涵，堪称珍贵顶级的礼品。

2003年8月3日20时30分，在天坛祈年殿前，奥林匹克史上又一个激动人心的时刻到来了：第29届奥林匹克运动会会徽正式向全球发布！中共中央政治局常委、全国人大常委会委员长吴邦国和国际奥委会北京奥运会协调委员会主席维尔布鲁根打开紫檀盒，取出一方晶莹剔透的中国"印章"——"北京奥运会会徽徽宝"，饱蘸红色印泥，在中国宣纸上郑重地盖下印记。

从这一刻开始，2008年北京奥运会的会徽和"奥运徽宝"一起，走进人们的视线，随着奥运会的举办，传遍世界各国。作为传世之作"奥运徽宝"的设计制作者——北京工美集团得到了世人的称赞。

获得"双特许" 市场主力军

"奥运徽宝"的设计制作成功，让北京工美集团声名鹊起。集团领导清楚地认识到：这是重振企业雄风的良机，应该借这个东风，乘胜前进，围绕奥运这个舞台大做文章。

2004年，北京奥组委全面启动奥运市场的开发计划，北京工美集团凭借工艺美术设计、制作、销售的优势，一举拿下了全国第一家北京2008年奥运会特许经营商、特许零售商的"双特许"资质。成为北京奥运市场的主力军。

世纪奥运 铸就辉煌

北京奥运会特许商

Beijing 2008 Olympic Flagsh

旗舰店开业庆典

tore Opening Ceremony

2007年8月7日，北京奥运会特许商品旗舰店落户王府井工美大厦开业庆典仪式

　　"双特许"使北京工美集团获得了有利的"平台"，集团领导率领集团员工开足马力，充分发挥自己的聪明才智，在这个"平台"上大显身手。

　　整个奥运期间，北京工美集团利用奥运经营资质发展主营，设计开发了675款奥运特许商品，获奥组委批准上市销售的有346款。开发奥运特许商品带动了玉器、景泰蓝、瓷器、木雕、首饰、民间工艺、编织工艺、刺绣等工艺美术技艺的发展。加工企业覆盖了河北、山东、江苏、广东等11个省、市、自治区，极大提升了北京工美集团的品牌形象，同时也拉动了中国工艺美术行业的发展。

　　北京奥运会市场开发，实现了超过200亿元的销售，仅北京工美集团就完成了近15亿的销售，向奥组委交纳特许费达1亿多元。

　　2006年，北京工美集团首次集新疆天然青、墨、糖、黄、碧、白六色美玉，推出中国传统婴戏题材的创新力作"中国玉福娃"。编号0001号"中国玉福娃"捐赠故宫博物院，标志着故宫博物院首次将奥运主题的艺术品列入其浩如烟海的艺术藏品之列。编号0112号"中国玉福娃"在第13届世界奥林匹克收藏博览会上，作为政府级礼品，由北京奥组委主席刘淇赠给国际奥委会终身名誉主席萨马兰奇，收藏于洛桑奥林匹克博物馆。

奥运旗舰店　销售破4亿

　　随着北京奥运会的成功举办，奥运商品销售一次次火爆京城乃至全国。北京工美集团利用奥运零售资质，在王府井工美大厦设立奥运特许商品零售店的同时，不断拓展自有销售渠道，开辟了辽宁、江苏、福建、湖南、山东5个省在内的30余家奥运特许商品加盟店，实现销售总额1亿多元。

　　特别是王府井工美大厦奥运旗舰店更是以其品种全、规模大、品牌优、知名度高的特点，而成为电视、报纸、广播等媒体追踪报道的重点。

1 2
3 4
5

1. 2004年8月5日，北京奥组委市场部部长袁斌女士（左一）向北京工美集团原党委书记、董事长郭泰来（右一）颁发《奥运特许商品生产证书》

2. 2004年8月5日，全国第一家北京奥运零售商店在王府井工美大厦正式开业，北京奥组委市场部部长袁斌女士（右一）向商店原总经理王健（右二）颁发《奥运特许商品零售证书》

3. 奥运零售商资质证书

4. 奥运生产商资质证书

5. 2008年8月20日，白孔雀艺术世界原总经理董永林（左一）向国际奥委会终身名誉主席萨马兰奇赠送礼物在奥运会期间，王府井工美大厦是全国各地消费者情有独钟的奥运商品首选店。

2007年，北京工美集团以绝对的优势中标，成为全国仅此一家的北京奥运会特许商品旗舰店运营单位。位于王府井工美大厦一层的奥运旗舰店，承担着对公众进行奥林匹克品牌宣传、向大众提供奥运信息服务、全类别特许商品的展示和销售、特许商品的新品发布和各种营销宣传等功能。

北京工美集团的领导认识到，奥运旗舰店不但是奥运特许商品的展示和中西文化交流的平台，也是北京工美集团乃至中国工美行业的窗口，因此精心打造，配备了集团的主力营销人员，以一流的服务水准迎接八方来客。

自奥运旗舰店开业至奥运结束，奥运旗舰店组织冠军签售、新品发布活动等大型营销宣传活动20余次，实现销售额4亿多元。仅奥运期间，接待国内外游客2000多万人次，接待国内外新闻媒体80余家，日最高销售额达338万元，为北京奥运赢得了美誉。

徽宝典藏版 奥运大手笔

在获得北京奥运"双特许"的资质后，集团领导意识到要使奥运商品获得更大的社会效益和经济效益，必须要有大手笔、大动作。

经过精心策划，并经北京奥组委批准授权，在2005年12月7日，即北京奥运会会徽和"奥运徽宝"诞生两年之后，北京工美集团以"北京奥运徽宝"原大二分之一比例复制的"北京奥运徽宝典藏版"，面向全球限量发行2008方，并且在北京人民大会堂举办了隆重的发行仪式。

"北京奥运徽宝典藏版"的主体是以和田玉为材质的中国印，由精雕细琢的红木嵌银丝宝盒包装。除玉质印章外，宝盒里每一件物品都极具收藏价值：真丝绢宣纸收藏册、高档织锦缎锦盒、典藏版钤印册。此外，每一件徽宝都附有北京市公证处限量发行的公证书、国家级检测站材料鉴定证书和奥运特许商品防伪标签。

与奥运徽宝一样，北京奥运徽宝典藏版每一个组件也有其深刻寓意：主体造型，印钮采用蟠龙造型，构形稳固，有"和平"、"团结"之意，反映出奥运大家庭成员间的团结和参与体育竞赛的运动员之间的团结。

2008方奥运徽宝典藏版，每一方都有唯一编号，由北京公证处全程做了资料留档。所以，假冒产品理论上不会出现。"北京奥运徽宝典藏版"面世后，受到社会各界人士的认可，也受到了收藏界的追捧，仅仅一周时间就被订购一空，创造了工美行业单项产品销售额破亿元的纪录。

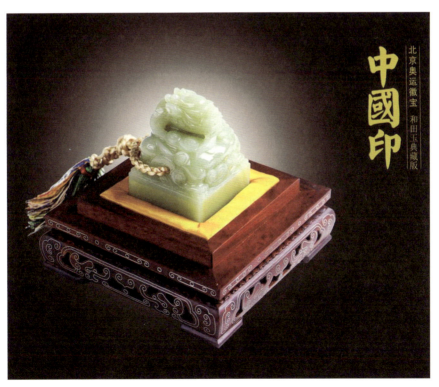

2005年12月13日，在北京奥组委成立4周年之际，经北京奥组委授权发行的"北京奥运徽宝典藏版"面向全球限量发行2008方

黄金珍藏版　再掀收藏热

2008年，北京工美集团的领导看到黄金市场的日益升温，又抓住奥运的商机，推出了"北京奥运徽宝黄金珍藏版"，限量5000方，面向全球发售，再一次掀起"奥运徽宝"的收藏热。

据考证，中国人用黄金制印始于西汉，在皇家宝玺中，黄金算是最高等级。清朝皇帝宝玺共有二十五方，也称"二十五宝"，其中就有一方金印，但是民间以金制印的极少。用黄金复制"奥运徽宝"，也是有史以来首次，因此它的收藏价值不必多说。

用纯金仿制的"北京奥运徽宝"也是按原大的二分之一比例制成，看上去更加耀眼夺目。

它的制作工艺极为复杂，完全采用的是中国传统的失蜡铸造和镂刻的绝活儿，从制模、胶版、注蜡、修蜡、焊树，到焙烧、烧蜡、化金、烫铸、炸模、冲洗、炸酸、烧焊，再到修形、喷沙、压亮等20多个程

2008年4月，北京工美集团原党委书记、董事长郭泰来（左二）等领导指导奥运金徽宝的制作

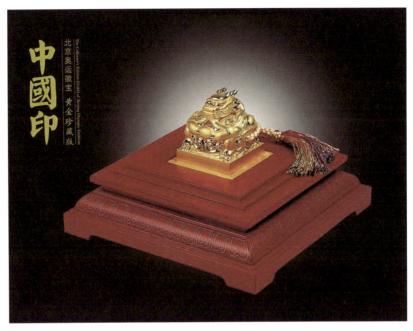

2008年3月31日，举行北京奥运徽宝黄金珍藏版首发式，限量发行5000方

序，全部是手工，有些技术已濒临失传。

铸模失蜡工艺有3000多年历史，过去艺人多做一些十几克的黄金小件，这次制作黄金版的"奥运徽宝"，重达500克。制作这么大件的黄金工艺品，而且还要保持跟"奥运徽宝"的原件毫厘不差，的确需要绝技。为此北京工美集团请出有绝活儿的老工艺大师出山，亲自主持这件精美艺术品的铸模失蜡工艺。

印章文化是由玺（也就是印）、宝盝、钤册、锦盒四部分组成。为了突出黄金的高贵典雅，锦盒采用中国红颜色相映衬。在中国红的漆器上嵌银丝，原是古代的宫廷工艺，民间极少用，银丝是把银熔化以后拉出比头发还细的丝线，然后嵌到木头的纹路里。会做这种传统工艺绝活的老艺人已经退休，这次为制作黄金版的"奥运徽宝"，也被北京工美集团请出山。可以说，纯金版的"奥运徽宝"是北京工艺美术技艺的集大成。

为了保证"北京奥运徽宝黄金珍藏版"的独有性和唯一性，不但在

世纪奥运　铸就辉煌

1		2		4	5
3					6
					7

1. 2008年8月15日，中国国民党名誉主席连战（左一）光顾王府井工美大厦奥运特许商品旗舰店，北京工美集团原党委书记、董事长郭泰来（左二），原奥运旗舰店总经理王健（右二）向来宾介绍奥运商品

2. 2008年4月1日，外国大使夫人参观奥运特许旗舰店

3. 2008年8月，北京奥运会举办期间，国内外宾客购物热情十分高涨，在王府井工美大厦门前排起了长队

4. 2007年2月4日，奥运射击冠军许海峰在奥运旗舰店签售

5. 奥运乒乓球冠军邓亚萍在奥运旗舰店签售

6. 奥运体操冠军李大双、李小双在奥运旗舰店签售

7. 奥运体操冠军刘璇在奥运旗舰店签售

"徽宝"的底面用激光打上编号，而且在收藏证书上、检测报告上、北京市公证处出具的证书上以及公证标签上和北京奥组委指定的防伪标签上都有编号，7个编号是一致的，而且在公证处都有档案保存。这种防伪保真的措施，在其他珍贵工艺复制品上是少见的。

"北京奥运徽宝黄金珍藏版"一面世，便成为奥运纪念的珍品，市场上供不应求，不到半年时间便创下了8个多亿的销售额，再次刷新北京工美集团历史上最佳单项产品经营业绩。

这两个大手笔的制作获得了大成功、大收获！大手笔的奥运徽宝两个珍藏版，使北京工美集团也赢得了巨大的社会效益，北京工美集团再一次被世人刮目相看。

金镶玉奖牌　工美又立功

在2008年北京奥运会上，让所有运动员和世界人民眼前一亮的，是独特的"金镶玉"奥运会和残奥会奖牌。这一无与伦比的大胆构想，不但具有现代气息，而且带有浓郁的中国文化特色，让这款奖牌不但永久地留在获奖运动员的记忆中，也会让它在奖牌设计和制作工艺上，留下了极为精彩的一笔。

2007年，北京工美集团受奥组委的委托参与了北京奥运会奖牌玉环部分的试制、打样工作，出色地完成了任务。2008年，在奥组委残奥会奖牌制作遇到困难时，又是北京工美集团赞助北京残奥会全部3000枚奖牌玉环部分的玉料和制作，同时承担了奥运会部分奖牌玉环的制作任务。

用"金镶玉"这一中国传统工艺来制作奖牌前所未有。这种工艺看上去精美别致、典雅大方，但是以前金镶玉多为工艺摆件或挂件，人们摆放在那里，轻易不会受到磕碰。奖牌则不同，运动员不但要挂在胸前，而且还要经常向人们展示。

如何使怕磕怕碰的玉环与耐磨的金属奖牌牢固地结合在一起，北京工美集团调集一批设计大师和工艺大师，对"金镶玉"的奖牌制作工艺进行攻关。

北京工美集团为了配合设计团队，无偿提供了200余片不同厚度、不同尺寸大小的试验玉材，进行高空坠落试验，每种玉都要分别从1米、1.5米、2米标高的位置，分别摔在石材地面、木地板、大理石地面上，以便检验抗摔效果。经过大量的"破坏性试验"，进一步完善了人们对玉结构的了解，最终确定了3毫米的壁厚。

为了提高抗冲击性，研制组共同探索，提出了O型圈的设计方案，即在玉环外沿侧壁中央，开一个深0.3毫米、宽1毫米的凹槽，玉环后部加垫片不与金属接触，再用硅胶作为弹性介质粘贴固定玉环，不仅避免了用螺纹拧可能带来的脱落，又避免了传统工艺可能带来的玉料开裂现象，实现了"金镶玉"的中国奖牌梦。

为了这个设计，北京工美集团玉器大师工作室，全程配合中央美院的设计团队，来做金镶玉的奖牌设计、打样，前前后后花了近两年时间。

踏破铁鞋选玉料　巧夺天工嵌玉环

除了制作工艺的难题，选玉也是这个设计中至关重要的一环。主持奥运奖牌试制、打样、生产工作的北京工美集团总工艺师郭鸣，在开始选料时，曾考虑过保留一点玉的天然特质，有点色差，有点纹样，有点自然的美，想让每一块都不一样，这样每个运动员获得的奖牌都是独一无二的，不过还是最终选择了形象统一的用玉方案。

北京奥组委当时对玉的产地选择也有好几个方案，比方说辽宁岫岩玉、河南的独山玉、新疆和田玉，连翡翠也都曾经考虑过，最后综合考虑，还是采用了产自昆仑山脉的昆仑玉。

2007年5月，奥运会奖牌镶用玉料样品"出炉"，昆仑玉成为北京奥组委金、银、铜牌指定使用玉料。

2007年底，玉料市场价格翻番上涨，前年还是1000元1千克的上好昆仑白玉料，一下涨到10000元1千克了。3年间，昆仑白玉涨了近10倍，而全国市场已经有人开始回收昆仑玉料了。

按照计算，北京奥运会、残奥会共需要6000枚奖牌，玉环需要玉料近一吨，但是确定北京工美集团负责残奥会奖牌的用玉时，离奖牌要求的完工时间仅剩4个月。北京工美集团连夜开会研究，原党委书记、董事长郭泰来当时就提出："要以高度的政治责任感，工美人痴情北京奥运的深厚情结，倾全公司之力，做到三个确保：确保工期、确保数量、确保质量。"

为了保证奖牌玉环的如期完工，首先攻克的是选材料的问题。2007

1
2

1. 中国残奥会执行主席汤小泉（右二）、北京奥组委文化活动部部长赵东鸣（右三）代表残奥会组委会接受由北京工美集团原党委书记、董事长郭泰来（右一）等领导代表北京工美集团捐赠的奖牌

2. 残奥会金镶玉奖牌

2008年1月2日，时任北京奥组委行政部部长韩子荣（左二）与北京工美集团原党委书记、董事长郭泰来（右二）在向北京2008年残奥会捐赠玉石协议书上签字

年底，北京工美派出五六个组去全国各地采购玉料。

集团派中国玉石雕刻大师张铁成亲自带队，奔赴各地选玉，他们北上辽宁，南下广州，足迹遍布大江南北。

此外还通过和北京工美长期合作的一些供货商、采玉人联系，亲自上门到家收购玉料和老石头。这些10多年前的存货，经过长时间自然放置，玉质会好一些，制作风险也会低一些。

玉石行内人都知道，昆仑玉石常常表里不一，毛料的原石外表看起来煞有介事，可一打开有的却是空空如也，连个玉的影子都找不到，赌玉的人都称它为"鬼玉"。

为了备足所需的玉料，北京工美人从苏州、扬州跑到青海、新疆，千里寻玉跑遍了全国各地的大型玉石集散地，不知道求了多少人，磨破了多少嘴皮，看了多少石头，才最终买到了大批合适的玉料。

玉料是有了，可要让26毫米宽、3毫米厚的奖牌玉环，变成拥有统一色泽、统一纯净度的玉石片，可不是件容易的事。筛选标准是按北京奥组委的标准，要求是非常严的。不能有一点的瑕疵，不能裂，不能有

世纪奥运　铸就辉煌

绺，不能有石头纹、石头花、色差，天然形成的材料达到这种标准是很难的，这需要从购进材料中就要把握，风险可想而知。

中国玉本来就是各有各的品性，玉料里带有棉纹、石纹、水线、花点，都有它们的独特之处。可奥运奖牌玉环则要求玉质润泽通透，不能有任何纹理，必须形象统一，这对选玉工作增加了很大的难度。

玉石变化莫测，因为它的外面有皮子，内部情况很难看到，选料、开料、切毛坯、打钻，有的玉料钻出圆柱体时，看起来十分通透，可一切片才发现部分玉料带有纹路不能用。有一回，一块80千克的玉料打开，有一半是不能用的，好不容易切出了二三十片玉环，可抛光后看清晰才发现只有10片符合标准。

从选料到开槽、抛光、检验，别看玉片不大，每一步都有淘汰率，平均起来1千克才能出1片，为了保证奥运奖牌和残奥会奖牌玉环能给每一位运动员带去相同的价值感受，北京工美集团的员工们认真地对待每一片"作品"，终于完成了奖牌玉环的制作。

组装最困难的就是玉环如何镶到金属里，用胶粘上，这是一个想法；还有一种传统方法是在金属上打螺钉，用螺丝将玉牌打上去；再有就是在玉上车出一个螺纹来，把金属拧上去。但是这些方法都是硬连接，而奥组委的要求是万无一失，硬连接中间没有缓冲，可能会摔碎，用胶的话有可能老化。

为确保万无一失，师傅们几经试验，最终按设计要求采取了一种绝技，即在玉上开出一个小槽，公差只有2.5‰毫米，再做一个硅胶的密封圈，镶在玉环的槽里去，通过一种过度偏紧的方式压合进去，再垫一层硅胶，再加上一种特殊材料的黏全剂。不过这种方法加工难度非常大，如果装得不合适，玉就废掉了，所以说这种装法是一次性的。这一系列复杂的组装是在著名的上海造币厂完成的。

到2007年底，还有3000片残奥会奖牌没做，要求和奥运会的奖牌一样，一样的设计，一样的品质。正在奥组委为此事着急之时，北京工美集团把这个任务承接下来，在玉料价格不断飙升、时间紧迫等不利条件下，北京工美再次向世人展现了"特别能战斗"的风采，经过200多个日日夜夜奋战，圆满完成了任务，质量合格率高达99.6%，受到北京奥组委领导的高度评价和专家组的一致认可。

负责奖牌制造的上海造币厂评价道："北京拿来的东西，我们非常地放心。"

辉煌十年路 再上新台阶

2008年奥运会对北京工美集团来说，是具有里程碑意义的重大转折。

从1999年北京工美集团为奥申委设计制作的《北京承办2008年奥运会申办书》，到2008年北京成功举办奥运史上精美绝伦的奥运会，十年磨一剑，北京工美集团与北京奥运同行，举集团的整体实力，聚数十年北京工美的技艺积淀，向全世界展示了中华民族底蕴厚重、博大精深的传统文化，彰显了北京作为历史文化名城和世界大都市的壮美恢宏和沉雄大气，呈现了中国工艺美术典雅庄重的独特魅力，在北京奥运会这个中西文化交融的盛大舞台上，谱写了与时俱进、立足高点、拼搏向上、勇往直前的华彩篇章，不仅创造了前所未有的经济效益，而且提升了北京工美的名牌价值和社会地位，更重要的是通过与奥运同行这十年的努力，探索出一条企业如何发展壮大的道路，为今后北京工美的大发展打下了坚实的基础。

北京工美集团原党委书记、董事长郭泰来在回顾北京工美与奥运同行的十年历程时，十分感慨地说：北京奥运对任何企业来说，都是一次机遇。机遇面前，人人平等，关键是如何及时准确地把握住历史机遇。总结北京工美集团利用北京奥运这个盛大舞台取得的辉煌业绩，会让我们得到四点启示：

一、要以敏锐的洞察力，把握住历史机遇，利用自己的名牌优势，调动集团的一切力量，把产品做精、做细，赢得有关方面领导的认可，同时，也在市场上取得先机。

二、工美行业已经由原来的来料加工，产品雷同的模式，变成文化创意产业，因此，必须在继承传承工艺的同时，与时俱进、不断创新，将民族文化与世界文化相结合、传统与时尚相结合、艺术性与实用性相结合、传统工艺与现代新材料新工艺相结合，推出具有时代气息的精品和经典之作，这样才能立于不败之地。

三、要站在时代的高度，使自己处于全行业的领先地位，当工艺美术品成为拉动内需的投资热点和收藏热门时，努力成为国内领先的中高档工艺美术品及服务平台的提供商。

四、要有现代化的企业管理和经营模式，文化产业的经营不能走老路，要有一支能打硬仗、锐意进取的产品设计队伍、企业策划队伍、产品营销和市场推广队伍。同时要以品牌经营为依托，坚持"哑铃型"经营模式，以工艺美术为主业，以资本运营为手段，整合工艺美术产业价值链和社会资源，打造工美产业"航母"，扩大自己品牌产品的销售收入及利润。只有这样方使企业做大、做好、做强。

是的，抓住机遇，抢占先机，精心策划，打造品牌，这正是北京工美集团在北京奥运会期间努力拼搏，铸就辉煌，留给了我们宝贵的精神财富。

刘一达 著名京味儿作家，《北京晚报》专版主持人、著名记者，中国作家协会会员，北京作协理事，迄今已出版《城脉》《城色》等52部作品，其代表作《人虫儿》《百年德性》《胡同根儿》等被改编为影视作品，在北京颇有影响，几十年来曾多次报道过北京工美集团及下属企业。

工美世博夺金记

◎ 刘一达

脱颖而出　世博会上露大脸

　　话说2010年的年终岁尾，从千里之外的上海传来一个让北京工美人惊喜的消息。由北京工美集团设计制作的上海世博徽宝——"和玺"，荣获"中国2010年上海世博会荣誉特许产品金奖"。同时，北京工美集团还获得了"中国2010年上海世博会优秀特许零售商奖"。

　　能够在上海世博会的特许商品中摘金，实属不易。

　　您也许不知道，参加这次评选的世博特许商品共有17000多款。能在1.7万种商品中拔得头筹，再一次证明了北京工美集团出手不凡的实力名不虚传，同时也再次说明，北京工美集团在全国工美行业的"领头羊"地位无人取代。

　　有道是：行家眼里不揉沙子。北京工美集团设计和制作的世博徽宝"和玺"，能在上海世博会上摘金，靠的不只是名气，而是实实在在的

上海世博会特许商品北京旗舰店开业仪式，王府井工美大厦成为上海世博局在北京开设的唯一一家形象店

上海世博会执委会常务副主任、上海市常务副市长杨雄（右）将一枚北京工美集团
设计制作的上海世博会徽（和玺）捐赠给国际展览局秘书长洛赛泰斯先生（左）

玩意儿。和玺从设计到制作，确实是一件堪与"奥运徽宝"媲美的传世经典之作。

2010年10月30日，上海世博园的金厅灯火辉煌，宾客满堂，来自世界各国新闻媒体的记者，把摄像机和照相机的镜头聚焦在主席台上。由国际展览局和上海市举办的上海世博会颁奖晚会在这里举行。

随着闪光灯的飞闪，只见西服革履、仪表堂堂的上海世博会执委会常务副主任、上海市常务副市长杨雄，向与会者郑重宣布，将世博徽宝"和玺"赠送给国际展览局，由秘书长洛塞泰斯先生带到巴黎国际展览局总部作为藏品永久性展出，另一枚将在未来上海世博会博物馆作为藏品永久展出。

刹那间，全场掌声雷动，北京工美集团总经理曹胜龙手捧金杯，喜上眉梢，心花怒放。

北京工美真是露了大脸。要知道这是在洋味十足的大上海，是在全

2010年12月30日，北京工美集团总经理曹胜龙（左二）在中国2010年上海世博会特许产品经营颁奖大会上登台领奖

世界人民瞩目的世博会。两方世博徽宝"和玺"让北京工美集团再次扬名中外。

当然，更让北京工美人扬眉吐气的是，这方徽宝不仅代表了北京工美人的聪明智慧，而且凝聚着中国传统工艺美术的精华，它为中华民族争了光。

和玺和玺，天作之合的宝玺。诸位有所不知，这两方巧夺天工的世博徽宝能诞生，从策划、立项、设计到选料、制作，用了不到两个月的时间，在这么短的时间内，创作出如此精美绝伦的艺术精品，也只有北京工美集团能做到，这里面有着天遂人愿而鲜有人知的故事。

笑傲群雄　承接徽宝"姊妹篇"

话说2010年的第41届世博会能在中国的上海举办，是中国几代人的梦想，像奥运会一样，世博会给了中国人一次千载难逢展示国力的机遇。所以，从2000年开始，中国人在筹办2008年北京奥运会的同时，也在积极筹办2010年的上海世博会了。

您可以想象到，国内大小的企业哪个不想在世博会上展露风采，当然了，有关世博会的特许商品也纷纷登场亮相，一争高下。

临近2010年5月1日世博会开幕，已有数千款特许商品在世博舞台竞技。但是世博会的组织者在如此众多的商品中，却找不到一件既有中国特色，又能代表上海世博会的高端扛鼎之作，他们为此感到有些遗憾。

且说2010年的1月，上海世博局的领导来到京城，考察上海世博会特许商品北京形象店，无意之中，看到了由北京工美集团制作的"北京奥运徽宝珍藏版"，世博局的领导不由得眼前一亮。

这方"奥运徽宝珍藏版"太光彩夺目了！上海世博局的领导在惊羡之余，突发灵感，如果请设计制作"奥运徽宝"的原班人马，再设计一

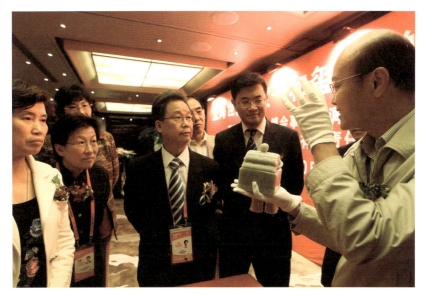

1

2

1. 北京工美集团总工艺师郭鸣（右一）向世博局领导讲解世博徽宝——和玺

2. 上海世博会园区商业管理服务部部长林声勇（右三）在北京工美集团原总经理高颖维（左一）等领导的陪同下参观世博北京旗舰店

方"世博徽宝"，作为上海世博会的扛鼎之作，岂不成为两大世纪盛会的"姊妹篇"？

当下，世博局的领导灵机一动，登门找到北京工美集团的领导切磋此事。

北京工美集团原常务副总经理、王府井工美大厦总经理李节闻听上海世博局领导的来意，认为这正是北京工美集团在世博上展露风采的机遇，当即表示为上海世博设计制作扛鼎之作，北京工美集团义不容辞，徽宝"姊妹篇"的创意，实在难得。

但上海世博局的领导又面带难色地说："现在离世博会开幕只有几个月时间，不知北京工美能不能在世博会闭幕前拿出作品来。"

李节微微一笑道："北京工美集团向来善打攻坚战，我们答应做的事，一定会全力以赴。请上海世博局放心，北京工美集团保证按时完成任务。"

上海世博局的领导闻听此言，展眉一笑道："我们久仰北京工美集团大名，知道你们是一支善打硬仗的团队，否则也不会在这么短的时间内，把扛鼎之作的重任交给你们。"

这话说得不假。诸位也许知道，新中国成立后，党和国家领导人向外国元首馈赠的国礼，大都出自北京工美人之手，远了不说，单说这两年，除了"奥运徽宝"、奥运奖牌，北京工美集团为国庆60周年献礼设计制作的雕漆作品《鼎盛中华》、象牙雕刻《九州欢腾》、景泰蓝作品《太平有象》，被社会广泛赞誉，并获得了中国工艺美术最高奖"百花杯"的特等奖和金奖。董事长李节敢在上海世博局面前笑拍胸脯，是因为心里有底气，扛鼎之作，北京工美集团不扛这个"鼎"，谁敢来扛？

出手不凡　和玺设计有新意

闲言少叙，单说董事长李节与上海世博局的领导达成协议之后，立即升帐议事，调兵遣将，将设计"世博徽宝"的重任，交给北京工美集团总工艺师郭鸣和他率领的技术中心团队。

郭鸣在北京工美集团是员虎将，他欣然受命后，便带领集团技术中心的设计团队，紧锣密鼓地投入到世博徽宝的设计当中。

却说北京工美集团技术中心的设计团队，是"清一色"的小年轻，别看他们岁数不大，但个顶个的是设计高手。这些年轻人有的毕业于清华美院，有的毕业于北京服装学院，一水儿的高学历，虽说毛儿还有些嫩儿，但一个个意气风发、风华正茂，有股子初生牛犊不畏虎的劲头儿。

在郭鸣的带领下，这些小年轻大胆创新，敢于挑战，善打硬仗。2009年，适逢共和国60年华诞，这支设计团队，与7家国内一流艺术设计院校、顶级设计策划公司，还有曾经为奥运服务的专业团队同台竞标国庆60周年标志、徽章、请柬等设计，一举夺魁，独占鳌头，露了大脸。

接到"世博徽宝"的设计任务后，这些年轻的设计者一个个摩拳擦掌，渴望在世博会上再显身手。

有道是：心急吃不了热豆腐。小年轻们跃跃欲试，总设计师郭鸣心里却能沉得住气，他对"世博徽宝"的设计别有一番考虑，尽管"世博徽宝"与"奥运徽宝"是"姊妹篇"，但绝不是依样画葫芦地照搬，用什么材质、什么图案花纹的印章，才能准确地体现上海世博会"城市，让生活更美好"的主题，这是"世博徽宝"的设计核心思想，要体现这个核心思想，徽宝的设计就必须要有新意。

为了集思广益，当下郭鸣下令，技术中心的10多位设计师每人在几天之内拿出3到4款设计方案。此令一出，这些小年轻挑灯熬夜、冥思苦想，很快上百款设计方案齐聚郭鸣的案头。

郭鸣邀请专家评头品足，上百款设计方案，一下子淘汰了三分之二，剩下的30款设计方案由设计师们二次"回炉"进行修改。

且说在世博徽宝的设计方案取舍定夺之间，设计者形成了两种不同的意见，一种认为设计印章应遵循传统文化，以古典厚重取胜；另一种则坚持给世博会设计徽宝，必须突破传统，要有新意。

两派各持己见，争论得脸红脖子粗，郭鸣却哑巴吃扁食，心中有数。他有自己的独到见解：北京是六朝古都的历史文化名城，设计"奥运徽宝"，当然要体现大气、厚重。而上海是我国经济发展的标志地，东西方文明很早就在这里碰撞、融合，"世博徽宝"的设计必须结合世博创新的理念，有创新也要有现代感。

技术中心的这些小将，领会了总工艺师郭鸣要在继承传统中勇于创新的设计理念后，又紧锣密鼓地进行了新一轮的设计。30余款设计图案经过又一轮残酷淘汰，最终只剩5款。其中一款颇得郭鸣首肯。

这款设计非常有新意，顶端钮结造型改为荷瓣托举一颗璀璨明珠，象征着上海这颗东方明珠；"和玺"上部的瓦钮样式，仿秦汉瓦当造型，寓意一瓦顶成家，庄重典雅；四周篆书雕刻二十四节气名称，寓意四季平安、风调雨顺；汉瓦、祥云、海浪、阳光等设计元素象征城市的

北京工美集团党委书记、董事长李节（中），总经理曹胜龙（右一）指导"世博和玺"设计方案

生机盎然、生命的朝气蓬勃，设计理念契合"城市，让生活更美好"的上海世博会主题。

为了力求完美，郭鸣又与设计师们苦战数日，最终将这款设计完善成型，这就是人们看到的上海世博徽宝——和玺。

却说北京工美集团将和玺设计方案面呈上海世博局，几乎所有的人被这设计方案所折服，居然一次性通过。

郭鸣长舒一口气：10多天的心血总算没白费。但设计只是和玺制作的第一步，接下来便开始选料和制作，更大的考验还等着我们。

天遂人愿　开料现场一波三折

诸位有所不知，按当初北京工美的设计方案，世博徽宝的用料是青玉。上海世博局的领导认为既然"世博徽宝"与北京"奥运徽宝"是姊妹篇，最好用料也一样。听取了上海世博局的意见后，北京工美集团毅然决定改用新疆和田青白玉，以确保奥运、世博"姊妹篇"徽宝同样规格、同等材质。

这个看似简单的决定，却意味着必须在两个月的时间内找到合适的青白玉料，并且完成制作。此事谈何容易。

有道是千样玛瑙万种玉，要找到相同材质的玉料非常不易。无巧不成书。北京工美集团当年制作奥运徽宝时，有一块备用大料一直未动，年初被一买家买走，打算雕只大瓶。郭鸣得此信息，立即派人赶到扬州。到了扬州，人家说料已运抵南京。工美人立马十万火急，从扬州追到南京。到现场一看，人家已把料的两边切开备用。

师傅看了看玉料，觉得还行，立刻重报总工艺师郭鸣。

郭鸣电告："赶紧摁住，先不能动。"

只有一块料在手，郭鸣尚不放心，又派出一队人马，由琢玉大师姜文斌带队南下河南、江苏一带再寻玉料。这队人马在杭州发现了一块重

177千克的大料。姜文斌凭借眼力，觉得这块产自新疆和田地区正在剥皮的玉料是可用之材。

"二选一"，让郭鸣心里踏实一些。他心里有数，上次奥运徽宝的青石玉料颜色偏灰，更沉稳，符合京城庄重大气的特色；这块玉料则偏油豆青色，更嫩更漂亮，与海派风格的那种时尚雅致相吻合。堪称阅玉无数的郭鸣难以抑制自己对这方料的喜爱之情。

与此同时，那块重218千克的玉料也辗转四个城市运抵京城。事不宜迟，到底哪块玉料可以制作和玺，一场由专家现场开石的大戏拉开序幕。此举牵动着整个北京工美人的心。要知道开石后万一两块料都不行，得重新选料，而时间只有两个星期了，神仙也难在这么短的时间内，再寻两块称心如意的玉料。郭鸣把"宝"押在了这两块未开的石料上。

俗话说，神仙难断寸玉。行内人都知道玉石常常表里不一，毛料的原石外表看起来荧光润泽，可一打开，有的却空空如也，连个玉的影子都找不到。尤其制作印章，更要求石料浑然一色，不掺杂质。一旦玉料打开后成色不佳或是内藏裂纹，整块玉料就只能报废。

9月3日，7位玉器行工艺美术大师，围着两块重达上百千克的玉料"相面"。已经制作过前两方青玉"大和玺"的玉雕大师认为，从雕刻的技术方面考虑，218千克的玉料玉性更小，会大大降低在制作过程中可能出现的玉石崩裂情况，但石料的外层绺裂又的确是个遗憾。而177千克的玉料已经基本打磨去"皮"，润绿的颜色清晰可见。

两方石料各有优势到底选择哪块好呢？经过3个多小时的激烈论证，最终177千克的和田青白玉料以颜色更纯净、质地更细腻等诸多优势成为上海世博会会徽收藏载体——大和玺的材料。

9月11日，众专家对这块玉石料开石，一刀下去，站在一旁眼巴巴瞅着的姜文斌冷汗当时就下来了。那石头的白点斜插进去，姜大师的脑袋顿时大了，一时搞不清楚石材的走势。

待到正式开料时，那场面真可以用惊心动魄来形容，只见师傅手起刀落，一共切了三刀。第一刀出来两方，一方还不错，一方稍差。另外一侧切下去，却没有一方可用。当时可以看到明面上有白花和绺裂。郭鸣擦着脑门上的汗说："再试一刀！"姜文斌屏住呼吸，稳了稳神说："我们再赌一把！"

师傅用刀（电锯）又横向切了一刀，只见石料上的绺线若稍稍偏里一些，这一大块料就废了。但是天遂人意，"裂"是直着下去的。姜大师长出一口气。

以姜大师的经验，石料的石花可以"躲"。如果把不干净的料，作为徽宝顶部挖掉即可，这样可以"保全"中间的大部分另做一只大瓶。

郭鸣当机立断，在剩下的中间部分上侧又动了一刀，想不到绺裂从旁边闪了过去，青白色的玉质完整干净！大瓶是出不来了，但终于有了精益求精的可用之材，大家这才如释重负地松了一口气。

匠心独运　巧夺天工展绝技

俗话说，"玉不琢，不成器"，但玉器下刀最怕料性崩裂，尤以立边立角的切刻最难。可玉石料越好，其性越大，即使同一块玉也有"软硬坑"之分。

诸位有所不知，这玉料和人的肌肤一样有纹理，顺着纹理下刀不易崩，戗丝下刀则易崩。所以琢玉高手除了稳之再稳之外，更多是靠手法和经验来驾驭。比如使粗旧一些的工具，不至于把料性招起来，用钻石粉摁住料茬一点点地切磨。就像半冻的肉要用巧劲切，硬碰硬地切肯定会掉渣。

且说，北京工美集团为使世博徽宝更出彩，特意请琢玉大师姜文斌亲自操刀。时间紧，任务重，姜大师领命上任，不敢怠慢，很快进入角色。您别看姜大师琢玉无数，其中几件重器荣获国家级大奖，但做这方和玺，他感到比雕两吨重的大翡翠还难。因为没有第二块料做替代物，雕刻过程中每一次下刀都顶着巨大的心理压力。

　　有道是：行家一上手，就知有没有。大师就是大师，出手就有不凡之处。虽然心里有压力，但他下刀稳准狠，一刀是一刀，不留任何痕迹。世博徽宝顶部的"东方明珠"，即使崩一个比芝麻粒还小的小坑，也没法"遮丑"，连外行都能一眼瞅出来，整个一面就得磨掉重来，但如此一来尺寸就变小了。因此姜大师不到最后，所有的下刀都留有余地，直到勾纹"挤活儿"时，方才一刀到位不容再改，用行话来说这叫"吃到份儿上"的"关门活"。

　　10月8日，两方徽宝大致出形后，就只剩下打磨抛光最后一道工序。但您也许有所不知，仅仅这一道工序，就耗时整整一周。

　　打个比方，翡翠就像个漂亮的美女，要水灵艳丽；而玉，则像一位内敛的君子，外柔内刚。姜大师深知其中的微妙。

　　玉有料性，总有一种往起跳的个性。姜大师巧妙地在抛光打磨时把

世博徽宝——和玺（原件）

它压了回去，同时却把内在的油性给逗出来。绝！这正是大师的妙笔生花处。

由此，徽宝顶部的"东方明珠"也因此放弃了光亮的抛光效果，服从于整体温润浑然的感觉。

捧着"出水"的世博徽宝，设计师郭鸣满意地连连点头。与设计稿相比，徽宝最大的变动是去掉了章台边框，完全契合世博会会徽无边框的图形。会徽凸起的线条边缘有45度倒角，在光线下呈现出黑白灰三重光影效果。

浮雕线条下刀更深，这是考虑到青白玉颜色偏白，反光后立体感不强，最明显是体现在四条虬龙处，此外底部海浪和顶部云纹也都强调了浮雕感，一层压一层的层次清晰而厚重，非常耐看。

选料、切方、画活、雕琢、抛光……二三十道细细的工序下来，整个制作团队近20个人夜以继日地赶工，终于赶在规定的时限内将两方徽宝交给了上海世博局。

"作为咱北京人，能参与世博会、为世博尽力，是我们的骄傲，幸不辱使命。"曾设计和制作过奥运徽宝、金镶玉奖牌的郭鸣望着这两方世博徽宝，由衷地说出这番感言。

抓住商机　珍藏版面世受热捧

诸位，北京工美集团设计制作的世博徽宝"和玺"，作为上海世博会会徽收藏载体，成为这届世界盛会扛鼎的收官大作。您想这是多大的动静呀，能没有社会反响吗？

北京工美集团认为这是难得的市场商机。董事长李节升帐议事，果断地提出抓住这个难得的历史机遇，像当年复制"奥运徽宝典藏版"一样，来一个"世博徽宝珍藏版"。

事不迟疑，各路人马分头作战。很快，北京工美集团经上海世博局

的特别授权，由世博徽宝的"和玺"的原班人马，倾力打造上海世博徽宝和玺的金玉珍藏版，不久便相继问世。

"世博徽宝珍藏版"按和玺的原大1/8设计，黄金珍藏版，采用500克千足金精心制作，材质高贵，技艺精湛。和田青玉珍藏版，取材和田青玉，制作精细，可谓汲天地之灵气，含日月之精华。金、玉两个珍藏版各限量发行2010方。

有道是：乱世黄金，盛世收藏。进入21世纪，民间的艺术品收藏再起热浪，黄金、玉器成了收藏热门。老百姓连普通的黄金、玉器摆件都抢购，别说"世博徽宝"这样的艺术品了。

由于北京工美集团设计制作的"世博徽宝珍藏版"作为藏品具有三

大价值要素：一是重大历史题材；二是材质名贵，出身"名门"；三是数量稀缺。所以升值空间巨大，一面世便受到藏家和消费者的热捧，为北京工美创下了新的销售纪录。

上海世博徽宝"和玺"是上海世博会徽收藏的官方印玺，收官大作，黄金、和田青玉加中国工艺美术大师、北京奥运徽宝——中国印原班人马制作，限量发行2010方，条条都在价值线上。由北京工美制作的北京奥运徽宝——中国印和田玉典藏版，短短两年就在二级市场从5.6万涨到30多万，升值了近6倍，特殊吉祥号更是价值不菲，与北京奥运徽宝——中国印一脉相承的世博徽宝——和玺珍藏版自然"钱"景看好。

近年来，国际金价屡创新高，两年间涨了30%，充分显示了黄金产品的保值增值性，被越来越多的人用来抵御金融风险。上海世博徽宝——和玺黄金珍藏版相对北京奥运徽宝却几乎未涨价，投资收藏"钱"途无量。和田玉的不可再生性，令其几年内身价成几十倍上升。

上海世博徽宝"和玺"青玉珍藏版，采用和田青玉，上海世博会徽使原本名贵的材质越发身价倍增，雕工细腻精湛，是难得一见的玉器收藏品。

世博徽宝和玺，再一次让北京工美集团在社会上得到了认可，在市场上赢得先机，可以说是继奥运徽宝之后，北京工美集团打的又一场漂亮仗，也成为北京工美集团30年的一大亮点。

工美世博夺金记

工美文化
——企业腾飞的基石

◎ 杨汛

文化是一个民族的精神和灵魂，是国家发展和民族振兴的强大力量——这句出自《中共中央关于制定国民经济和社会发展第十二个五年规划的建议》的话，彰显了文化的重要程度。同样，一个逐渐做强的企业背后，一定需要有坚实而牢固的文化基础。当我们沿着北京工美集团欣欣向荣的道路看去，看到的正是企业文化积淀的清晰脉络。

企业的发展与企业文化的繁荣总是相生相随的，事实上，自从诞生之初，北京工美就已经开始并逐渐形成自身的企业文化。

20世纪80年代，对于中国而言是一个热火朝天的年代。改革开放的春风吹遍神州，市场经济的大潮澎湃而来。正是在这样风起云涌的时代大背景下，北京工美集团应运而生——1980年，北京市特艺、地毯、首饰、抽纱四家二级公司及下属50多家企业共同组建了北京市工艺美术品总公司。

在企业长期的发展过程中，北京工美集团形成了自己独特的企业文化："工于本业，精益求精"的追求、"为工美事业矢志不渝"的信念。在这样的追求和信念的鼓舞下，工美人抓住机遇埋头苦干，为企业创造了巨大的收益。而这些，也正是企业把握时代发展先机的宝贵财富。

改革发展的道路注定不会一帆风顺，必然要经历曲折而崎岖的探索过程。

"我们经历了工业企业划转、职工下岗分流再就业的刻骨铭心；我们经历了金饭碗中不再盛满美味佳肴的捉襟见肘……"北京工美集团党委书记、董事长李节在庆祝北京工美集团成立30周年大会上的讲话，为我们回忆了北京工美在20世纪90年代的发展中曾经遇到的艰难险阻。在改革带来的阵痛中，企业文化也曾经一度失去了它的光彩。

但伴随着北京工美集团在坚持不懈之后的涅槃重生，踏入21世纪后，北京工美再次响亮地提出"重塑企业文化"的目标。而且，这一次北京工美将企业文化的总结和凝聚提升到一个前所未有的高度。

"2007年，北京工美集团提出了企业文化建设的目标。当时我们就认为，企业文化必须来自企业自身，要塑造企业文化，就要倾听领导、员工等企业组成者自身的意见。"北京工美集团原党委副书记、工会主席侯金成一语中的。

没错，所谓企业文化不是也不应该是空洞无味、泛泛而谈的口号，它应当是融合了组成者对于企业的期望、对于自身的要求从而发出的，真正属于企业自己的那股精神。

在这样的主导思想之下，北京工美重塑企业文化的工作紧锣密鼓地进行开来。"首先与领导、员工等多个层面座谈、了解；在征集了多方

工美文化
——企业腾飞的基石

意见后，形成企业文化手册初稿；继而再将初稿反馈给企业各方，并发放调查问卷，征求大家对企业文化手册的意见和建议……"侯金成说，光是企业文化手册的文案，就在征求意见中几易其稿，在达成多方共识之后才慢慢得以成型。"可以负责任地说，这本手册具有深厚扎实的群众基础。"

也正因为精耕细作，时至今日当你打开北京工美集团这本《企业文化手册》时，依然能感觉到逐字逐句背后的参与感和力量感。"北京工美的企业使命是以传承与弘扬中华民族工艺美术文化、发展文化创意产业为己任，引领工美行业快速发展，实现股东价值最大化"；"北京工美的核心价值观是珠联四方，璧合文商"；"北京工美的管理理念是以人为本，制度至上"……而当你深入北京工美，了解北京工美，你就会感到这些字句绝非纸上谈兵，而是北京工美蓬勃发展的内在力量。

丰富文化生活　熏陶员工"文品"

"工艺美术行业是文化创意产业的重要组成部分，工艺美术的从业者，当然需要具备一定的文化修养、文化品位。很难想象，搞工艺美术的人没有丰富的文化生活，不具备一定的文化内涵。"侯金成说，在北京工美的企业文化中，品牌理念最重要的组成部分就是"文品"。

所谓"文品"，是北京工美产品特有的文化内涵，它蕴含着中华民族源远流长的器物文化，凝聚着工美艺术的千年积淀，浸润着古都北京特有的底蕴和风格，融会着历代宫廷艺术的高贵典雅，包含了工美人特有的文化品位和企业精神。"文品是工美精品的灵魂。"在北京工美，文化品位的熏陶和兴趣的培养，一直是员工生活中重要的组成部分。

"玉，石之美者。"古人以德比玉，将君子仁、义、智、勇、洁这"五德"比喻玉石的温润、质坚。孔子曰："言念君子，温其如玉，故君子贵也。"就是说，君子贵玉，从玉中体会到玉的各种美德。君子有德，玉也有德，两者可以媲美。中国素有"玉器之国"之称。在中华民族发展的历史长河中所构成的独特的文化现象——玉文化，源远流长，贯穿了整个中华文明的历史。中国玉文化博大精深，有着无限的魅力和无比珍贵的艺术价值。

2002年7月，北京工美集团有限责任公司玉石文化商场正式成立（现已并入王府井工美大厦工艺品商场）。作为北京工美集团旗下的玉石专业商场，从一开始就拟定了创建"京城玉石第一家"的目标。但在开业之初，一些玉器品牌却陷入了恶性竞争的价格战中，另一方面，部分导购员对玉器知识的匮乏，也影响到玉器的销售。

"在最初从事玉石工艺品销售的很长一段时间里，我并没有认识到掌握玉文化知识对做好销售工作有着多么重要的作用。每当我向顾客介绍商品时，也只会用'材质好'、'雕工好'、'寓意好'等肤浅的辞藻来形容商品。至于怎样好，好到什么程度，就说不出来了。"销售员王丽英回忆道。

针对这一情况，玉石文化商场在职工中开展"读玉史、知玉品、做诚信服务标兵"活动，学习玉文化知识，留意玉文化信息，并把学到的知识运用到实际工作中去。"玉器销售应当以中华玉文化为载体，坚持'文化经营'和'文化兴企'。"玉石文化商场管理层表示。

"刚到商场实习时，我对玉文化相当陌生。看到琳琅满目的玉雕工艺品和晶莹剔透的翡翠饰物，心中产生了无尽的向往之情。但是玉文化又是那样的奥妙，我一时真不知道该从哪儿入手。"销售员苏会芹说，在参加了商场组织的"读玉史、知玉品"活动后，她主动拜同事们为师，对照着柜台里的商品实物，一件一件地学习商品所用的玉石种类、原料产地、玉石品种之间的区别、特性，以及如何识别雕琢工艺的优劣，商品具有的文化内涵等。而通过这些知识，小苏的销售业绩有了显著提升。

玉石文化商场还开展了以"做玉文化传播人"为主题的读书征文及

工美文化——企业腾飞的基石

评选优秀征文的活动，组织收看玉文化知识讲座光盘，推荐玉文化和玉石商品知识书籍，提高职工学习的自觉性和主动性。

"记得有一次，一名顾客来到我们玉器柜台，他相中了一件白玉嵌丝薄胎大碗。"销售员杜文智说，当时自己细心地向顾客介绍，这件作品采用的是新疆和田上等白玉，由北京玉器厂名师制作，薄胎嵌丝在玉雕工艺技术中属于高难度技术，所以这件作品属于玉雕精品，非常难得，具有较高的收藏价值。

"听了我的耐心讲解，顾客对这件作品有了比较深入的了解，觉得确实物有所值，于是非常愉快地买下了这件玉雕作品。"杜文智表示，每当回忆起这次销售成功的过程，自己都会加倍地认识到提高自身素质的重要性。"只有学好玉文化，才能更好地宣传玉文化！"

为了将玉文化渗透到产品服务中，提升商品的文化附加值和品牌价值，玉石文化商场花大工夫，下大力气，要求各班组编写文化卡片并在商品销售时赠送给顾客。这个倡议得到了各个厂商的积极配合，有些职工利用业余时间查找资料，编写出文化卡片。现在这个服务项目已经成为商场的一大经营特色。此外，还利用节庆或纪念日召开主题班前会，采取讲故事或抢答题的形式，寓教于乐。"做玉文化传播人"是王府井工美大厦工艺品商场始终秉承的经营理念，而"买玉石到工美"也正在成为越来越多的消费者的购买惯性。

庆祝北京工美集团成立30周年庆典活动再次成为传播、提升北京工美企业文化的"绿色通道"。2010年7月的一天，从北京工美集团各单位选拔的24名青年员工相聚在星光俱乐部，自此开始的两个月里，他们为了北京工美集团成立30周年庆典热火朝天地忙碌起来。

7月、8月，正是北京的盛夏时节，酷暑难耐。但是，青年员工们深知自己代表着北京工美的新生力量，代表着北京工美的美好未来。"三伏天的周末，大家牺牲休息时间，努力练习，毫无怨言。"北京工美集团工艺品厂青年员工石歆说，为了给集团公司献上完美的生

为在北京工美集团工作30年的同志颁发"30年金质奖章"

日礼物，大家在没有空调的排练间里挥汗如雨，留下了许多感人的事迹。北京首检站的王建将患病的父亲送入医院，就马上赶来参加排练，排练完后再赶去医院照顾父亲；工艺品商场的王硕不慎扭伤了脚，却依然肿着脚来参加排练；握拉菲的孙振为了按时参加排练，甚至两个月的时间都没回一趟家。

最终，辛勤的排练结出了硕果：24位员工代表着北京工美全体年轻人，在优美的音乐伴奏声中，9月1日的职工文艺汇演中赢得了满堂彩。

在北京工美集团成长的路程中，类似这样培养员工文化品位，丰富员工文化生活的事例数不胜数。

1999年9月，北京工美集团在东城图书馆礼堂举办了庆祝建国50周年文艺演出，集团公司总部的干部职工跳起了自编自演的《爱我中华》舞蹈。时隔两年，2001年5月24日，北京工美集团在东城文化馆又举办

工美文化
——企业腾飞的基石

了"颂歌献给伟大的党"同唱一首歌文艺汇演，集团公司总部的18名干部职工又跳起了自编自演的《好日子》。

"两次舞蹈我都参加了，然而却有所不同。"北京工美集团供热中心党支部书记范长青表示，第一次是在集团公司面临重重困难和压力，面临北京工美集团如何走下去的艰难时刻。在这种情况下举办的第一次歌舞演唱会，目的在于振奋人心，增加自信，团结奋斗，战胜困难。

"当我们跳完最后一个动作，集体定格时，台下掌声四起，此时不仅仅是我一个人，在场的所有人都从心中爆发出一股激情，爆发出一股前所未有的希望：工美人是一家，工美人的团结就是胜利的保证！"范长青说，第二次的舞蹈演出正值北京工美集团总部落户王府井工美大厦，实现战略转移的关键时刻，又逢"三讲"教育活动期间。"当我们伴随着

舞蹈《升腾吧！北京工美》

'今天是个好日子'的歌声翩翩起舞时，我心潮起伏，坚信北京工美的好日子一定会来到，坚信工美人一定会过上好日子。"

"我们双手创造美中之美，我们共同构筑梦中之梦。我们工美人诚信铸就企业之光，捧出世纪国宝照亮世界的眼睛。"这首慷慨激昂、意气风发的《北京工美集团之歌》由著名作家韩静霆作词，作曲家羊鸣谱曲，在司庆30周年之际由北京工美集团正式推出，迅速在集团公司内广为传唱。

2010年8月20日下午，王府井工美大厦举行了唱北京工美集团之歌大比拼活动。而在此之前，为了使行歌能够尽快被广大干部、员工熟练掌握，保证行歌的普及传唱，王府井工美大厦组织全员每周一、三、五中午学歌、练歌，各部门广泛参与，保证出勤，还利用业余时间单独

练习，热情极高。比赛当日，各个参赛者精神抖擞，意气风发，嗓音洪亮，赛场高潮迭起，掌声喝彩声不断。最后，全体人员还合唱一曲《北京工美集团之歌》，嘹亮的歌声合着激昂的旋律响彻现场。北京工美人通过行歌，唱出了对企业的深厚感情。

从2008年开始，一年一度的"北京工美职工文化节"成为了所有北京工美职工最为期盼的文化盛宴，也是大家提升"文品"的最佳时机。中国东方歌舞团、中央民族歌舞团、中国歌剧舞剧院这些在中国文艺界如雷贯耳的歌舞团体都在文化节上走到了北京工美职工面前，为他们献上了精彩绝伦的演出。"平时哪里有机会看到这些艺术家的表演，职工艺术节上能看到这样的演出，真是开眼了！"集团公司员工纷纷表示，

庆祝北京工美集团成立30周年文艺汇演

高水平的演出令自己开了眼界，也提高了文化素养。

2011年的"第四届北京工美集团职工艺术节暨红歌赛"则更是让职工们自己成为了艺术节的主人。唱红歌，念党恩，爱工美，员工们对于企业文化的激情爆发，唱出了工美人是一家，唱出了工美人的好日子，也唱出了工美人辉煌的篇章。如今，职工文化节已经成为北京工美集团的文化品牌。它在提高全体职工"文品"，也就是文化素养方面，起着潜移默化的作用。

"北京工美，追求最美"的企业文化精神也在一次又一次的文化活动中升腾，再升腾！

2011年6月，北京工美集团合唱团参加北京市工业国防系统庆祝建党90周年红歌会荣获二等奖

工美情普惠　人间有大爱

皇城根儿下的老北京，待人接物讲究一个礼数周全，讲究一个"人情味儿"。而生于斯长于斯的北京工美，企业文化中天生就带着一股子北京"范儿"。"走进工美门，就是工美人"——这话带着一点豪迈，更带着一点家庭般的温暖，这样的企业理念，正是企业文化中"以人为本"精神的体现。

2007年的春节，本是欢欢喜喜过大年的日子，但对于北京工美集团销售中心特困职工杨桂芬来说却并不舒心。由于身患尿毒症，杨桂芬不得不长期做肾透析打针，药物副作用使得胳膊上的静脉和动脉血管肿起两个大包，而高昂的治疗费用也使得经济本不宽裕的她倍感压力。

但是这一天，杨桂芬家中迎来了一位客人——北京工美集团原党委书记、董事长郭泰来。郭书记不仅是来走访慰问送温暖，还亲自将1500元"工美情"救助金送到她手里，并鼓励她继续以乐观的精神面貌和积极向上的生活态度面对病魔。"有什么困难就请说，组织上会帮助解决的！"郭书记的一番话，让杨桂芬激动得热泪盈眶，"多亏有了'工美情'，才缓解了我们全家的困难生活，特别要感谢集团公司领导和全体工美人……"

杨桂芬口中的"工美情"，指的是2002年7月，经北京工美集团原党委书记、董事长郭泰来建议成立并通过的《北京工美集团有限责任公司"工美情"互助基金管理暂行规定及实施办法》，并由此建立的"工美情"互助基金长效机制。最初的受助范围包括已在市总工会和公司工会建立档案的特困职工和困难职工以及因意外伤害或突发性重大疾病等因素造成伤亡或家庭特殊困难的职工，同时包括职工本人及子女。2007年，北京工美集团又通过了《关于增加"工美情"互助基金患重大疾病退休职工救助条款实施意见》，将基金的救助范围给予拓宽，以减轻患有重大疾病的退休职工生活压力和经济负担。目前，"工美情"互助基金的救助范围由最初的3项拓展到了21项，退休人员被正式纳入进来，同时，因患恶性肿瘤等重大疾病造成家庭特殊困难的待岗职工，也可享受"工美情"互助基金的救助。

乐善好施、扶贫济困是中华民族的传统美德；相互帮助、患难扶持是社会倡导的时代新风。像杨桂芬一样获得"工美情"帮助的北京工美职工，多年以来不胜枚举。

"工美情"的帮助对象并不仅限于生病的员工，"助学基金"也是其中重要的组成部分。

"白孔雀艺术世界的领导们，我家的生活条件不是很好，母亲需要常年吃药维持病情；父亲的身体也不好，每隔一两年就需要住院治疗。一年6000元的学费，在别人的家庭也许只是家长几个月的工资，但

1

2

3

1. 2010年2月2日，北京市国资委巡视员王鹏（右二）和北京工美集团原党委副书记、工会主席侯金成（右一）到销售中心特困职工杨桂芬家中慰问

2. 2006年，北京工美集团原党委书记、董事长郭泰来（右一）看望特困职工

3. 2011年9月，北京工美集团党委举办"工美情"十周年纪念活动。集团公司党委书记、董事长李节（左一）现场捐助困难职工

对于我家需要积攒很长时间。我很庆幸作为白孔雀艺术世界的职工子女，您们并没有忘记我们，相反的更是尽最大努力帮助我们，每年开学前夕都会送来助学金和物品。"这是白孔雀艺术世界退休职工徐丹林正在上大学的女儿徐静写给工会主席的一封信。在信中，懂事的徐静除了表示感谢之外，还说道："出生在什么样的家庭里我不能选择，但却可以用自己的力量改变今后的生活。所以我会更加努力学习，来回报您们对我的帮助。"

徐静小小年纪就有了这样的觉悟和远大的志向，这不仅仅是一封感谢信，更是徐丹林家未来生活的希望之光。可以说，"工美情"给徐丹林家带来的不仅仅是经济上的帮助，更是延续了一个孩子求学求知，不断上进的理想。

近年来，"工美情"的覆盖范围更加广泛，更加"普惠"。

2008年，北京工美集团听取了各方面意见，在征集各基层单位建议的基础上，再次扩大"工美情"救助范围，并通过了《关于扩大"工美情"互助基金救助范围和增加在职、退休职工患重大疾病救助额度的建议》。依据新修改后的规定，集团退休职工患重大疾病的一次性救助，由原来的2000元提高到5000元；在职职工患重大疾病的一次性救助，由原来的1万元提高到2万元。同时对"在职职工在一个年度内患病住院的"，增加了一次性给予200元慰问金的规定；对"在职职工门诊就医需长期服药的"，根据自付不同金额，增加了给予一次性相应金额救助的条款。

在北京工美集团的送温暖工程中，职工互助保险与"工美情"互助基金是职工的双保险。2008年1月10日，北京工美集团为了发挥"工美情"互助基金的作用，维护女职工的特殊利益，提高女职工抗御重大疾病的风险能力，为全系统在职女职工投保了一份"女职工特殊疾病互助保险"。这个险种针对女职工发病率较高的子宫颈癌、输卵管恶性肿瘤、子宫内膜癌、绒毛膜癌、乳腺癌等五种原发性疾病，保险期为两年。就在这一年，北京工美集团工艺品厂一位女职工被确诊为侵润性乳腺癌，原本工资收入不高的她，仅医疗费就是几万元，给生活带来很大的困难。正是因为有了集团公司和企业为职工投保的女职工特殊疾病、重大疾病险和"工美情"互助基金，为她解了燃眉之急。

目前，北京工美集团为职工开办了安康意外、团体意外、女职工特殊疾病、住院医保和重大疾病等险种，职工投保率达到了百分之百。有了这样的保障体系，既提高了职工抵御风险的能力，又解决了广大职工的后顾之忧，使职工能够更好地为企业多作贡献。

更加难能可贵的是，"工美情"不仅只将关心和帮助局限于集团公司内职工，在面对灾区群众的时候，"工美情"也毫不犹豫伸出援助之手，洒下人间大爱。

2010年，青海玉树遭遇地震灾害。4月20日凌晨，得知消息的北京工美集团原党委书记、董事长郭泰来当即致电集团公司原党委副书记、工会主席侯金成，为进一步帮助灾区紧急救援和灾后重建，北京工美集团要在全公司范围内发起为地震灾区捐款的工作。而这一决定立即获得了北京工美集团全体员工的大力支持。仅仅一天之后，来自全集团所属14个单位、1128名员工的爱心捐款共计82023.5元以及北京工美集团捐助的10万元都汇入了北京市总工会温暖基金会的账户上。

"在今后的日子里，北京工美集团还将继续尽全力关心，支持四川班学生的学习和生活，保证同学们在和谐的环境中健康快乐地成长，培养大家重建家园、报效祖国的能力，北京工美集团永远是你们的家！"2009年5月12日，在北京工美高级技校四川班举办的纪念"5.12"活动中，北京工美集团原党委书记、董事长郭泰来的一番话掷地有声。

四川班的37名同学原为四川绵竹中国东方电气高级技工学校计算机动画技术专业的学生，也是首批进京完成学业的灾区学生。在汶川地震后的2008年6月，北京工美高级技校接收了这批学生，帮助他们完成为期两年的学业，并承担在校学习期间的学费、生活费等费用。在一年的学习生活中，学校为每个学生购置了全套的生活和学习用品用具，并安排老师全天候地关照他们的学习、生活。为丰富学生的文化生活，还组织学生开展棋类、球类等比赛，并组织学生参观长城、圆明园以及鸟巢等景区景点。经过一年的朝夕相处，四川班的同学们逐渐从地震的阴影中摆脱出来，重塑信心。

据统计，截至2009年7月30日，"工美情"基金9次捐款累计共计487万余元，累计救助金额达302余万元，救助特困、困难、急困职工470人次，救助金额49万余元；为特困、困难职工子女助学105人次，救助金额10万余元；救助患有重大疾病职工33人次，救助金额近52万元；为单亲职工子女上大学助学64人次，救助金额4.8万元；为患重大疾病的42名退休职工各给予2000元至5000元的救助，救助金额19.5万元。

对此，北京工美集团党委书记、董事长李节表示："那是一种家的温暖，情的感动和美的升华。"

员工似家人　回报大家庭

在精神上丰富员工文化生活、在物质上加倍关心体贴。企业像对待家人一样对待员工，员工自然把企业真正当成自己的家。出于对北京工美企业文化的认同，每位员工无不有着对"家"的深深眷恋，也给予了这个家更多更好的回报。

2008年8月的北京，正值第29届夏季奥运会如火如荼地召开。位于王府井工美大厦的北京奥运会特许商品旗舰店，成为前来北京观看奥运会的游客们主要光顾的奥运商店之一。650平方米的店面堪称全国最大，这家旗舰店内每天总是人头攒动，收款台前的长队排到很远。作为旗舰店一层的主管，北京工美集团王府井工美大厦工艺品商场业务主管和建荣成竹在胸，为游客们提供了周到的服务。

工美文化——企业腾飞的基石

自从北京奥运倒计时一周年之际开店，这家旗舰店经营有64家奥运商品特许生产厂家的逾4000款商品，其中归属和建荣负责的商品就有1000多种。回忆刚到店里时的情形，和建荣坦诚压力很大，"刚来奥运特许商品旗舰店当组长，一下就接触上千个品种，既要掌握有关知识，

1. 2009年1月，北京工美集团黄金珠宝商场领导向"工美情"管委会赠送锦旗

2. 2007年11月2日，北京工美集团领导为贫困山区学校捐款捐物

3. 广大职工积极捐款

4. 2009年5月12日，北京工美高级技校四川班同学感恩北京工美集团的关爱

1	3
2	4

又要及时了解库存，挺有压力的。"

不过有着24年商场工作经验的和建荣不怕困难，她通过努力地学习，掌握了每件商品的特性和寓意。为了能让每个顾客都顺利买到所需的商品，让手下的销售人员及时了解存货情况，和建荣常常从一大早商店开门一直撑到晚上十一点闭店，再赶回距市中心十几公里外丰台火车站附近的家，第二天一大早再来上班。

"能作为北京工美集团的一份子，亲身为奥运服务，我感到很自豪，这是一生当中值得骄傲的。"凭借着优越的表现，2008年和建荣被北京市国资委授予奥运立功"先进个人"、北京市商业服务业迎奥运培训工作协调领导小组办公室授予"首都商业服务业奥运志愿服务标兵"等荣誉称号，为北京工美集团服务奥运捧回了荣誉的旗帜。

有人说文化是流动的水，有人说文化是盛开的花，也有人说文化是那些可以代代相传的东西。牵手奥运，工美人创造了独特的奥运文化。从2000年5月开始，北京工美集团成功举办了"申奥，有我一个"八大主题系列活动，在王府井工美大厦门前设立第一个申报奥运倒计时牌，北京工美员工自编、自导、自排、自演的2场8幕申奥雕塑剧，全国和北京市劳动模范、世界冠军参加的万人签名活动，著名运动员穆铁柱参加的"结系奥运、情定北京、万人结艺"活动……北京工美集团的八大主题系列活动掀起了首都各界助申奥、作贡献的热潮。率先喊出"申奥，有我一个！"的北京工美集团，不仅响亮地表达了"95%的北京市民支持北京申奥"的心声，更伴随北京人堂堂走上世界大舞台。在奥运文化与中国文化间架起桥梁的北京工美文化，最终缔结了一段中国·北京与奥林匹克的金玉良缘。

北京握拉菲首饰有限公司的总经理兼党委支部书记刘建中，以一腔奋进勇气，在改革中站在了科学发展的前沿，使一个亏损企业摆脱了"山穷水尽"，走向了"柳暗花明"，带出了一个能吃苦、能战斗的集体；原王府井工美大厦黄金珠宝商场总经理王健，以一种开拓锐气，在经营中树起北京工美闪亮的品牌，为王府井工美大厦创造了可观的经济效益和一定的社会效益，他本人也因此多次获得优秀党员、创新标兵等称号；林卓如同志是工艺品厂车管的一名干部，在平凡的岗位上做出了不平凡的业绩，在员工的眼里，他是一个任劳任怨、吃苦耐劳的"老黄牛"，在干部心中，他是一个爱厂如家、爱车如子的好员工，在他身上，我们感受到一名受党教育多年的老职工甘于奉献的生动形象和朴实无华、无怨无悔的可贵品质；无论是教学还是生活，北京工美高级技校的么红老师都是同学们眼中的好老师、好朋友……像和建荣一样，在北京工美集团内部自身的岗位上默默付出，把企业荣誉放在首位的北京工美员工还有很多。

"全体工美员工同志们，30年来，量不出你们为创建工美付出了多少汗水，数不清你们为发展工美贡献了多少青春，写不完你们为延续工美立下了多少功劳，说不尽你们为辉煌工美倾注了多少激情。"北京工美集团党委书记、董事长李节在北京工美集团成立30周年大会上的讲话，无疑是对北京工美员工多年来付出的最好褒奖。而正是在这样"进了工美门，就是工美人"的企业文化熏陶之下，北京工美才得以插上了腾飞的翅膀。

从玉雕"四大国宝"到花丝镶嵌珍品《千手千眼观世音菩萨》；从"三金工程"到丝绫堆绣巨作《清明上河图》；从景泰蓝大瓶《普天同庆》到雕漆大盘《花好月圆》；从"两弹一星"功勋奖章到"北京奥运徽宝"，都为北京工美集团增添了灿烂的一笔。

在"十二五"规划的开局之年，北京工美提出了"通过整合产业价值链和社会资源，优化集团的企业结构，扩大产业规模，组建大工美集团，力争在'十二五'末销售收入达到100亿元，确立全国一流的文化创意产业集团的强势地位"，以及"品牌影响力大幅提升，成为国内驰名商标和国际知名品牌，为推进北京建设世界城市和世界设计之都提供有力支撑"的宏伟发展目标。而为这个目标提供最坚实有力支撑的，

工美文化
——企业腾飞的基石

2008年4月21日，北京工美集团召开"我为奥运添光彩"主题活动誓师大会

无疑正是北京工美那积淀深厚、源远流长的企业文化。正如北京工美集团行歌中所唱到的："啊，我们起飞在壮丽的北京，向着宏伟的目标升腾！升腾！"

　　杨　汛　北京日报经济新闻部记者，跟踪采访京城商企多年，采访报道内容涉及商业、金融业、IT业等多个领域，其中《新型菜篮子供应链是怎样"炼"成的》等稿件获京报集团新闻奖。

而立之年剑指百亿
『十二五』再续辉煌

◎ 姜葳

　　2011年国庆黄金周，王府井工美大厦迎来了一位豪掷900万元"扫金"的神秘客人，为整个北京工美集团创下了半个多世纪以来的单笔销售之最。当天1062.6万元的日营业额，不仅是王府井工美大厦的单日最高销售纪录，更为"十二五"的开局之年奠定了"开门红"。

　　站在"十二五"的起跑线上，以李节董事长为首的北京工美集团新一届领导班子，为而立之年的北京工美提出了"组建工艺美术产业的经济联合体——'大工美集团'，实现打造立足文化创意产业且销售达百亿元的工艺美术产业航母"的发展战略。为此，北京工美将建立起商业、工业、物业三大板块，构建自主品牌研发营销、黄金交易、研发设计、电子商务、物业经营五大赢利中心的经营格局。

商业：黄金业务　推陈出新

对于北京工美集团来说，2011年的国庆黄金周是个的的确确的"黄金"周。王府井工美大厦迎来了一位重量级的神秘客人，客人10月2日就已来店内"做功课"，他在"国金黄金"专柜看中了故宫五福金碗、黄金宝瓶等一批有深厚文化内涵的"收藏金"产品，粗粗一算即有700多万元。接待他的营业员赶忙把商场总经理王晓红叫来，客人的胃口之大，商场内现有库存恐怕难以满足需求，王晓红马上联系产品厂家，请厂家在第二天务必将货备齐。可正值国庆放假期间，几次电话都联系不到厂家总负责人，好容易电话通了对方却在高速路上，信号又时断时续。10月2日晚上，终于接到通知的厂家负责人马上赶回公司，集合人员调集产品，赶在3日上午将客人选中的产品送到了王府井工美大厦工艺品商场。3日中午时分，客人再次来到商场，出手购买了之前选中的文化收藏金产品，共计717.2万元。

在业务熟练的营业员的介绍下，这位对黄金情有独钟的客人又被北京工美自营的"文化金"所吸引，把商场自主开发的金元宝全部"包圆儿"，共计182.4万元。

899.6万元！客人划信用卡付款时挺麻利，心满意足地提货回家。王晓红和七八个服务他的同事却开始"纠结"——既为天文数字般的销售额兴奋不已，又因前所未有的巨额划卡担心财务风险。直到黄金周结束，银行恢复正常营业，款项到账无疑，大家悬吊的心才落回肚里。899.6万元的成交额，不仅创下了王府井工美大厦工艺品商场半个世纪以来单笔销售之最，也将当日营业额定格在1062.6万元的销售纪录上。为此，曾兼任王府井工美大厦总经理10年之久的董事长李节兴奋不已，专门发去贺信，鼓励商业板块的领头羊——王府井工美大厦工艺品商场再创新高。

由此可见，一路看涨的黄金交易量可直接左右营业流水的数字。实际上，继证券、期货、外汇之后，黄金已然成为我国居民第四大投资品种。黄金业务目前已占北京工美集团销售额的八成，冲击"百亿集团"的目标很大程度上取决于黄金业务的成绩。但黄金交易又有"高流水低回报"的明显特征——1克黄金300多块钱，却往往只有几角钱的毛利，如果算上扣税、手续费、人员工资等，仅剩下千分之一二的利润。面对轰轰烈烈的黄金业务，北京工美甘心只挣个"辛苦钱"？集团公司上下下定决心，在扩大业务规模的同时，更要靠创新"榨取"黄金业务的利润。

2011年，王府井工美大厦有一位新成员入驻，它就是"吃钞票，吐金条"的黄金ATM机，这是亚太地区首台黄金ATM机。大到1盎司的金条，小到2克的"金片"，客户不仅可以便捷安全地自助购买黄金，良好的私密性尤使国人"不适张扬"的个性得到最温情的尊重。这是"十二五"新生儿——工美金业最响亮的名片。对于北京工美集团来说，黄金ATM机肩负着"黄金运营商"的热望：如同商场一样可收驻各个品牌的黄金，往机场酒店等任何地方一放都可以售卖结算，因新奇加价率更高，又节省了人员、场地、装修等费用，成本大大降低，利润当然可观。而一台黄金ATM机一年卖出三吨黄金轻而易举，这意味着10多亿元流水入账。

更值得期待的是，黄金ATM二代机将开通回购业务，彻底改变目前黄金流通渠道不畅、瓶颈甚多的现状。比方说，在"中国黄金"买的金条"菜百"不认，各家只回购自家的金条，即便是同一家银行买的，设回购点的支行也很少。"'投资金'如果不能变现，其投资功能就大大削弱了。"工美金业计划

亚太地区首台黄金ATM机

建设"非标金条清算回购中心"，即通过建立国家级黄金行业回购标准，令黄金厂商经过认证，所有金条产品都有统一的防伪标志、身份编码，通过黄金ATM机在全国范围内随时随地自助回购。"就像银行卡一样，通存通兑，这就是黄金行业的银联卡。""投资金"的市场虽不如"首饰金"看着热闹，但胜在量大，动辄以千克计算，一年几百吨的销量，以流动其中的十分之一计算，结算量就将颇为可观。"这是全行业划时代的创新之举，其深远意义远非多开几家商场、销量攀升几十亿元可比。"北京工美集团董事长李节踌躇满志。

位于德胜门的黄金珠宝城将在2011年年底开业，2012年的销售额即定在10亿元以上，一家"新店"为何敢在竞争激烈的京城有这么大的胃口？"我们与菜百不一样，与西单的综合商场不一样，与全城热恋、每克拉美钻石卖场也不一样。"北京工美集团领导一语道破天机：黄金珠宝城将整合流行饰品、金银珠宝、高档会所、博物馆以及黄金投资、质检、回购于一体，打造前所未有的"业态销售"，更在黄金会所中大胆提出"单件商品售价低于50万元不让进"的门槛。

高回报的同时必然伴随着高风险，对此北京工美高层时刻警醒。作为"十二五"的五大中心之一，"黄金交易中心"将担负起交易、服务、管理的职能。整个北京工美集团现有八九家涉及黄金业务的企业，黄金占压资金量巨大，黄金交易中心负责利用上海黄金交易所综合会员的职能，为这些内部企业和部分社会客户代理黄金交易、批发业务；服务功能是指提供大盘走势、预警分析等政策咨询；管理功能则是对旗下涉及黄金业务的企业进行套期保值等统一管理。黄金定价高变动大，比如制作加工10千克的黄金产品通常先购进1千克原料，加工完再购进1千克，而几乎没有企业会一次性买入10千克原料慢慢加工，"套期保值交易"即用总价1/7的现金进行价格锁定，之后无论市场上金价如何涨跌也按锁定时的价格交易，对于企业来说也就锁定了利润，可以有效规避风险。黄金交易中心还可为普通投资者开展投资金的销售、托管、回购、实时交易等业务。北京工美集团黄金交易中心通过"购金、托管、回购"的简便模式，使黄金投资更为便捷，以更优惠的价格，为投资者提供实实在在的服务。

趁着贵金属产品热销行情，黄金交易中心成立仅半年时间便完成了3亿余元的销售规模，为集团公司全年销售收入作出较大贡献。

商业：老字号赶时髦　试水电子商务潮

北京工美集团已不满足于传统销售模式，以李节为首的新一届领导班子将目光锁定了时下风头正劲的电子商务——北京工美老字号，也要试水电子商务了。

学诗讲究"入门需正，立志需高"，2011年刚上线的工美艺城网也志存高远——建设成为全球最大的中国工艺美术品及礼品网上购物平台，并希望以此为窗口，传播中国文化以及工艺品的核心价值。对此，北京工美集团高层心存鸿鹄之志："新的网购平台的推出，不仅会覆盖我们具有传统优势的工艺美术品业务，更会通过一系列技术创新，进一步拉近我们与消费者以及中国工艺品爱好者的距离。更为重要的是，作为一个有社会责任感的企业，我们肩负着弘扬中华传统文化的责任，我们希望中国的工艺美术精品借助网络进入更广袤的世界。"

打开工美艺城网的页面，小到几十块钱的掐丝珐琅金地儿童手镯、百八十块钱的真丝领带，大到上万元的玛瑙雕件、数十万元的黄金收藏品，轻点鼠标即可送货上门。除此之外，颇具竞争力的个性定制、团购以及实时拍卖等工美艺城网一应俱全。

或许有人会担心网上图片"看上去很美"，但像玉器这样的大件的确不放心网购，北京工美集团把有着26年历史的"白孔雀艺术世界"改造为工美艺城网的体验实体店，网上选个样儿，店里慢慢挑。

当然，对于传统的艺术品交易和新兴的电子商务究竟如何结合，这

1

2

1. 2011年7月26日，北京市商务委员会副主任李薇薇（左三），北京市经济和信息化委员会副巡视员张兰青（右三），北京工艺美术协会会长李进华（左一），北京工美集团党委书记、董事长李节（左二）等领导共同开启工美艺城网

2. 工美艺城网

在整个行业内还都是个有待探索的新课题。作为行业领军企业，北京工美集团勇敢地迈出了顺应潮流的第一步，基于长期以来的合作和信任，一大批工艺美术大师随之贡献出各自的代表作品指定在工美艺城网销售，不仅给当前的电子商务市场注入了更丰富的文化创意内涵，更成为工美艺城网的独家优势。

工业：自主品牌　研发营销

2011年秋季，北京工美集团的红色标志喜获2011北京国际设计周年度设计奖——设计北京大奖视觉传达设计奖。这一嵌入"工美"二字的logo被赞誉为"运用了线的交叠、渐变，通过几何化的节奏排列产生具有韵律的组合关系"，"在对称稳定中蕴含着动感"，"弧线的交叠在似与不似之间形成具有彩陶文化风格的'鱼纹'图案"。

工美人期待，北京工美的自主品牌也能像北京工美的logo一样，底蕴十足，备受赞誉。

如果说，黄金销售目前已占北京工美集团销售额的80%以上，是冲击"百亿集团"的主力军，那么自主品牌则要在5年后占利润总额的80%以上，是"4亿利润"的定盘星。自主品牌，是北京工美的"金中之金"。

工业板块主要承担自主品牌产品的研发、设计、生产和销售，是集团目前最重要的业务板块。工业板块的核心竞争能力主要由创新能力、研

北京工美集团logo及获奖证书

而立之年剑指百亿
"十二五"再续辉煌

发能力、加工资源整合能力和营销能力构成。在传统的"工美黄金"、"工美景泰蓝"、"工美玉器"、"工美象牙"、"工美雕漆"等子品牌基础上，2011年北京工美集团又推出了"金作工坊"的自有品牌。

说起来，这个自有品牌从某种意义上讲是被"逼"出来的。受前两年国际金融危机的拖累，北京工美集团下属的工美进出口公司出口形势急转直下，往年出口额几千万元美金，一下子锐减到几百万美金，眼看几乎就要关张。北京工美大胆将其转型为与大师合作的高端纯手工黄金工艺品，谁料市场小众却极为火爆，销售额再现辉煌，恢复到五六千万元人民币水平，订单硬是排到了2013年！

"金作工坊"是一家专门从事高端金银工艺摆件特别是以花丝镶嵌见长的制作团队。众所周知，花丝镶嵌是宫廷御用的一种独门绝技，以花丝与镶嵌两种主要工艺为代表，从商周至今已流传近4000年，明清两代是花丝镶嵌工艺的鼎盛时期，号称"燕京八绝"之首。花丝镶嵌制品以其用料考究独特（金、银）、技艺高超等特点一直专为宫廷所独享，非常人可以享用和收藏。

作为"金作工坊"的首席设计师，程淑美拥有中国工艺美术大师、北京市工艺美术特级大师、国家非物质文化遗产花丝工艺的指定传承人等一系列金子般的头衔。工坊推出的产品均由她这样的高级工艺美术设计师主导设计，再经花丝镶嵌行业高级工艺技师精心打造。工坊成立以来，不仅复制了历史上行业鼎盛时期的代表性作品，如清乾隆年间的金质《金瓯永固杯》、清乾隆年间的千足金《万寿无疆》杯盘（900克金）、清廷收藏的千足金《云龙》执壶（1376克金）和千足金茶碗（396克金）等，还开发了技艺要求远超这个时期的花丝镶嵌制品，如：千足金《吉祥门海》（600克金）、千足金《福运长久》牛首杯（600克金）、千足金《福禄万代基业长青》葫芦（680克金）、千足金《福禄寿》錾刻葫芦（620克金）、千足金《吉祥观音》（680克金）等。

北京工美集团领导对"工美黄金"、"工美玉器"、"金作工坊"

| 1 | 2 |
| 3 | 4 |

1. 千足金　福禄万代基业长青葫芦

2. 千足金　吉祥门海

3. 仿清乾隆　千足金　万寿无疆杯

4. 仿清乾隆　金质　金瓯永固杯

等子品牌寄予厚望，"它们的流水虽然目前只占总销售额的10%左右，但利润可占40%以上，因为它们凝聚着设计师和工艺师的智慧和心血，附加值极高。"

追求时尚的中产白领也能在北京工美觅到心头好——时尚工艺美术品。举例来说，景泰蓝在20世纪80年代、90年代曾被粗制滥造，时人称之为"景太烂"，而现代人追求时尚，景泰蓝不能再是破破烂烂的瓶瓶罐罐，从纹样、色彩、器型设计上都要符合现代人的审美观念，但手法仍是传统的工艺材料。既要能反映北京的工艺美术特色——大气、宫廷气息浓厚，又不失现代时尚感。

仅2011年上半年，研发营销分公司就开发了兔年生肖贺岁、婚庆祝福等50款"工美黄金"系列新品上市销售，充分利用春节等销售高峰，半年实现销售1.5亿元、毛利额超过2000万元的佳绩。

位于王府井的工美大厦早已成为京城地标式建筑，而在追求名牌的当下，拥有"中国工艺美术第一店"、"中华老字号"桂冠的王府井工美大厦越发成为一种难得的品牌资源。在北京工美集团旗下的商业平台统一使用"工美大厦"子品牌，以"地名+工美大厦"的命名格式实现工美大厦的连锁，把旗舰店王府井工美大厦的成功经验推广到德胜门工美大厦黄金珠宝城、新奥广场工美大厦、白孔雀工美大厦、CBD工美大厦、天坛工美大厦……

北京工艺美术博物馆也是"十二五"北京工美的新名片，与一般博物馆不同，北京工艺美术博物馆会入驻工美大厦的多个店面，是集展示、交易、拍卖、培训等于一体的"活"博物馆。在欣赏大家名作的同时，也可选购礼品部的复制品、纪念品，还可定制高仿馆藏品或商洽举办个人收藏品、企业收藏品专题展览业务。比如德胜门工美大厦黄金珠宝城的博物馆将以玉器为主、鸟巢新奥广场工美大厦的博物馆以象牙字画为特色、东四环CBD工美大厦以瓷器取胜……

工业：技术中心　精雕细作珍精品

众所周知，设计创新是企业竞争的最核心生命力。北京工美集团正是充分抓住了2008年奥运会的千载难逢的机遇，依靠技术研发打了一个漂亮的翻身仗，让奥运徽宝一战闻名。70多人的技术中心当年销售额高达9亿多元，利润超过1亿元。

当世人还在津津乐道地回味奥运徽宝、世博和玺时，新一届北京工美集团领导班子已经瞄准了下个"徽宝和玺"，董事长李节提出斥资几千万元开发三大系列产品：一是以"北京礼物"为主题的旅游纪念品系列；二是中国文化北京特色的国务政务礼品；三是名人名作工美珍精品系列。

技术中心与10位国家级大师和北京市一级大师合作开发了50多件精品玉器，仅玉料的投入就高达2000万元。雕漆作品《鼎盛中华》、象牙作品《九州欢腾》、景泰蓝作品《太平有象》、珊瑚玉雕作品《九龙浴佛》……北京工美集团领导提起这些扛鼎之作如数家珍。经过大师之手

德胜门工美大厦黄金珠宝城

《内圣外王》设计稿

　玉雕　内圣外王（正、背）　长76厘米　高25厘米　宽40厘米

雕琢的珍精品身价到底有多高？一件260万元买进的和田籽料，雕成三只油润致密、具有皇家气韵的白玉链瓶后，其中一只以500万元卖给中间商，后被包装为艺术品股票，以1600万元的高价发行出去。

比金钱更为金贵的是，技术中心大都是风华正茂的年轻设计师，不落窠臼的设计理念不仅在设计圈内受到同行的认可，即便是在经验丰富、著作等身的大师们中也口碑颇佳。

技术中心年仅30岁的总工艺师申文广今年就与玉器大师张铁成成功合作了一件前所未有的玉雕《内圣外王》。申文广取明末书画家陈洪绶作品《诸葛亮、陶渊明对坐图卷》作创意，以诸葛亮喻外施王道，以陶渊明表内修圣德，二位先贤坐而论道，喻人格理想和政治抱负内外兼修的完美统一。由于这两位并非同处一个朝代，场景完全是出于想象，因此设计稿的人物不大写实，布局、透视关系、人物表现上也有所突破，申文广还有些担心大师不太认同这么个"关公战秦琼"的表现方法。没想到，国家级玉雕大师张铁成一眼就相中了："玉雕几乎已经把传统题材典故都用了个遍，你这个还真是与众不同！"张铁成一层层下刀，一遍遍画稿，不时与设计师申文广商量切磋，不断调整和增加细节，栅栏、溪水、花草树木，连玉雕背后看不见的文字地方也着墨上工，使得整件作品立体感层次感更强，更具有意境和故事情节。

合作甚多的花丝镶嵌大王王树文干脆对设计中心的年轻人说，你们放手设计吧，你们设计什么，我就做什么！

物业：资本运营 盘活房地产

作为一家拥有30年历史的"老国企"，北京工美集团在寸土寸金的京城拥有多块自有产权房地产，这一"地主"资历就让多少"新贵"艳羡不已。如果说工业板块和商业板块是北京工美集团发展的业务重心，那么物业板块就是北京工美发展的坚实基础。

物业板块主要承担集团房地产资源的经营管理。房地产资源是北京工美集团生存和发展的重要保障，对于集团的快速发展具有非常重要的支撑作用。充分利用和管理好自己的物业，早已不是节省房租那么简单，运用资本运营手段整合内外部物业资源，扩大物业经营规模，可以大大提高物业经营收入。

北京工美通过对集团公司现有的房产、土地等物业资源以及外部相关单位的房产、土地等物业资源进行调查与功能分析，在集团公司成立"物业经营中心"，负责物业板块的管理和协调工作，制订物业板块经营管理方案，强化对物业板块的经营管理，建立市场导向的物业经营管理体制和内部运行机制。

物业经营中心整合集团公司现有的物业资源，对现有商场、写字楼、仓库等物业资源进行功能改造，提高物业经营管理水平，增加和改善服务内容，提升物业租金价格，增加物业经营收入；并采用资产置换、改建、新建等手段整合集团公司内部及资产关联单位的房产、土地等物业资源，盘活闲置的土地、经营价值较低的房产，增加物业总量，扩大物业经营规模。

"工美航母" 集结待发

"百亿集团"的目标，不只是一个简单的财务指标，而是一个需要从战略实施、企业管理与日常经营等各个层面给予强有力支撑才能完成的目标体系。正所谓"功夫在诗外"，集团公司内部整合之余，更大的施展空间是在北京工美集团之外。放眼日益激烈的市场竞争，北京工美集团高层保持着雄心壮志的同时也保有警醒的危机意识和忧患意识；或者说，残酷的"丛林法则"决定着，要么主动出击掌握先机，要么等待被别人吞并。

如何利用自身在业内的影响力，携手同行，互利共赢？如何通过资

2011年1月5日，北京工美集团党委书记、董事长李节（左）与中国工艺（集团）公司董事长、总经理周郑生（右）共同签署战略合作框架协议

本运作手段引进战略合作者，借助外来资本加盟与外来管理介入，提升整个集团公司的管理水平和竞争实力，实现做大做强的战略目标？一个"北京工美（联合企业）集团"的思路逐渐凸显，轮廓渐渐清晰。

2011年1月5日，中国工艺（集团）公司董事长、总经理周郑生与北京工美集团有限责任公司董事长李节共同签署了战略合作框架协议。一个是"中工美"，一个是"京工美"，两大工美的"联姻"被业内人士一致看好，这不仅是中国工艺美术文化产业的一次强强联合，更预示着中国工艺美术产业堂皇进入"文化创意产业"后，已然迎来一个高歌猛进的黄金时代。

在市场分工日益细化的背景下，企业的单打独斗只能在夹缝中求生。北京工美集团构想里的"联合企业集团"就是多个法人单位的企业联合体，它以资本、技术及业务合作为纽带——企业集团成员间既可以资本为纽带形成紧密联合，也可以像"中工美"和"京工美"那样，以技术、业务合作等方式为纽带，相互间开展全面协作。成员单位间可互享优势资源，在商业信息、物业、技术、人才、研发、市场渠道、管理等方面相互支持，并通过北京工美（联合企业）集团建立交流平台和互

而立之年创指百亿 "十二五"再续辉煌

助机制，在企业集团内形成研发、设计、生产、销售的一体化运作，在成员单位间建立紧密的业务互补型合作关系，提高合作各方承接大型业务、政府项目的能力和成功率，降低合作成本，提高经济效益。

依据成员单位在企业集团中的重要程度和产权关系，可分为核心层、紧密层、半紧密层和松散层：

核心层成员单位为北京工美集团有限责任公司，也称母公司，主要承担企业集团内工艺美术品的研发、销售、技术和人才支撑，并在企业集团经营发展中发挥骨干作用。

紧密层成员单位由北京工美集团所属单位及全资子公司和控股公司组成，这也是北京工美（联合企业）集团的发展平台。通过扩大主营业务规模，加大工艺美术品业务在紧密层中的比重，使紧密层成员单位在企业集团调整战略布局、完善产业链、整合行业资源及打造产业航母等方面发挥重要作用。

半紧密层成员单位作为北京工美（联合企业）集团的孵化平台，由北京工美集团的参股公司组成。这部分单位虽不计入"百亿"目标，但大多从事工艺美术行业，在企业集团产业链延伸、培育新产品、创新业务类型等方面可发挥重要作用。

松散层成员单位是北京工美（联合企业）集团的合作平台，由业务相关单位组成。他们在原材料供应、研发设计、生产加工、销售渠道等环节与其他成员进行业务合作，为企业集团发展起到有益补充作用。

在这张北京工美（联合企业）集团的蓝图上，北京工美集团是这样描画的："十二五"头两年（2011年至2012年）将完成企业集团工商注册，建立并逐步完善企业集团协调机构，使企业集团成员总数达到60-80个，并使3-5个松散层成员单位加入半紧密层或紧密层，以北京工美（联合企业）集团的名义承接1-2个大型工艺美术项目；2013年至2014年，将进一步完善北京工美（联合企业）集团内部合作机制，通过联合企业集团的完整产业链和对优质资源的掌控，初步形成对北京工艺美术行业的主导，进而扩大对全国工艺美术行业的影响。继续吸收社会企业加入松散层，使企业集团成员总数达到120个，并使5-10个松散层成员单位加入半紧密层或紧密层。以北京工美（联合企业）集团的名义扩大承接或参与大型工艺美术项目范围；到了"十二五"末即2015年，将实现北京工美（联合企业）集团成员单位的统一发展，形成以北京工美集团为核心，主导全国工艺美术行业的具有较强核心竞争力和国际影响力的大型文化创意企业集团，得到政府部门和市场的高度认可。届时，一个工艺美术领域的航空母舰将集结完毕。

作为行业领军企业，北京工美关于组建联合企业集团的号召一呼百应。2011年11月，北京工美（联合企业）集团将乘着十七届六中全会文化大繁荣、大发展的东风，扬帆起航。

随着文化强国战略的全面实施，文化创意产业已经成为北京打造"世界城市"的支柱行业，工艺美术行业正迎来空前发展的"黄金期"。曾为党和国家作出过重大贡献的北京工美集团，如今已成为北京乃至全国工艺美术行业的旗帜，把工艺美术事业做大做强，更是新一代北京工美人义不容辞的责任。

"十二五"蓝图：三大板块营造百亿集团

在一般人的印象里，工艺美术是靠手艺吃饭，指望这点手工钱怎么才能赚到"百亿"？北京工美人颇有豪气地将"十二五"蓝图描绘为"一个目标、两个坚持、三大板块、四个转变、五大中心"。这一个目标，就是百亿元的销售规模，将北京工美打造成为"百亿集团"。

两个坚持：即坚持资本运营和产业经营并举，坚持创新发展和强化管理并重。

三大板块：即根据北京工美集团自身业务特点，通过集中优势资源全力打造商业、工业及物业板块。

　　四个转变：第一，立足当前、着眼长远，将近、中、长三期的发展目标有机结合，实现由追求短期利润向重视企业长远发展的转变；第二，充分利用外部的优质资源弥补自身发展水平的局限，开放合作、取长补短，实现由闭关自守、独立发展的模式向开放合作、携手共赢的模式的转变；第三，发挥"哑铃型"发展模式的优势，着力提高产品的研发与销售能力，通过合作经营、战略联盟、品牌加盟和品牌连锁等手段整合行业内资源，扩大企业规模，实现由培养单项经营能力向重视打造完整高效产业链的转变；第四，以市场为导向，强化营销流程建设，着力提升营销环境分析、市场机会选择、确定产品竞争优势、价格定位与营销推广、制定市场营销策略、营销执行监控等全流程营销能力，实现由满足市场需求向引领市场消费的转变。

　　五大中心：即通过对自身资源不断的整合与重组，最终形成研发营销、黄金交易、研发设计、电子商务、物业经营五大中心。如果说"三大板块"为北京工美集团提供了战略方向，那么"五大中心"则是为各个板块的发展指明了重要突破口。各个中心要充分发挥"突击手"与"排头兵"的作用，增强赢利能力，同时强化内部合作、资源共享的意识，密切五大中心既分工又合作的业务发展关系，站在全局发展的高度加强五大中心的维系互补关系，全面推进各项工作的稳步提升。

　　"千里之行，始于足下"。为了达到5年后的"百亿"目标，北京工美集团提出，以2010年预计的总收入和总利润为依据，以每年增长速度不低于10%为基本目标，每年增长速度不低于20%为努力目标，每年增长速度不低于35%为奋斗目标，确保持续增长，最终经过"十二五"时期的不懈努力使销售收入力争达到100亿元，确立全国一流的文化创意产业集团的强势地位。

　　用人：公开竞聘选拔领导。

　　俗话说，"千金易得，一将难求"。北京工美集团领导根据人才优先战略，从2010年即开始为"十二五"发展储备人才。按照精简高效的原则，首先对集团公司总部职能部室进行整合与强化：将原市场部、产品开发部与营销策划部合并成为市场开发部；将原企业发展部与资产运营部合并，成立投资发展部；新成立资产管理委员会；同时将原信息统计部更名为经营信息统计部，并单独挂法律事务办公室标牌。

在北京市国资委的指导下，北京工美集团又以"公开竞聘"的方式选拔了集团公司副职领导，充实完善了领导班子。针对不同岗位，北京工美从内外部两条渠道开展了"公开选拔"招聘工作：在企业内部创造公平、公正、竞争、择优的用人环境，促使内部人才脱颖而出，建设干事创业者俱乐部；对外则加强高级经营管理人才、投融资及资本运作类人才、营销策划人才、研发人才等关键人才的招聘引进。就这样，一批素质高、业务强的"精兵强将"充实到各个岗位。"此次公开选拔招聘工作调动了广大干部职工的积极性、主动性和创造性，为企业发展提供了新鲜的血液与活力。"董事长李节说。

为提高董事会科学决策水平，集团公司根据现代企业制度的要求进一步健全了董事会机构设置，完善相关制度，成立了战略与投资、预算与审计、提名与薪酬三个专业委员会，为董事会决策提供专业有效的决策依据，保证决策的科学化与规范化，使企业在经营管理与重大项目的管控与运营更有效率。

"敢想敢为、敢做敢当"是董事长李节对于新一任领导班子的直观评价。他同时清醒地看到，2010年集团公司干部调整力度非常大，因此要有一个继续培养和跟踪考察的过程，避免干部在新的岗位上水土不服或不能胜任的情况出现。

"我们要以百亿集团为目标，打造百万经营者，从而拉动经济效益的大幅提升，使员工收入能有较大幅度提高。"企业壮大的同时，合作伙伴和员工的口袋也要鼓起来，李节表示，北京工美集团将探索建立职业发展通道与薪酬晋升通道相结合的晋升机制，解决目前职工薪酬通道单一依赖职务晋升的问题。

而立之年剑指百亿 "十二五"再续辉煌

北京工美集团领导班子成员：党委书记、董事长李节（左五），党委副书记、总经
理曹胜龙（右五），党委副书记、纪委书记、监事会主席杨中俊（左四），财务总
监郭宝林（右四），总工艺师郭鸣（左三），副总经理王健（右三），副总经理孟
繁民（左二），总经理助理辛全立（右二），工会负责人边广增（左一），总经理
助理段体玉（右一）

  在北京市提出增强首都城市文化软实力、扶持文化创意产业发展
的大背景下，李节认为，北京工美集团作为我国工艺美术行业的龙头企
业，已乘奥运东风站到了全新的发展平台上，无论是资金实力、资产质
量、品牌影响力、设计研发能力，还是销售渠道、人才资源、思想观念

等方面都得到了提升，在未来一个时期将处于可以大有作为的重要战略机遇期。围绕着"三大板块、五大中心"，北京工美集团这艘工艺美术产业航母正集结待发，向着实现百亿集团的宏伟目标乘风破浪。

姜　葳　中国人民大学中文系硕士研究生毕业，现任北京晨报首席记者。

后 记

  《最美的胜出》一书现已付梓出版，本书由北京工美集团策划，以"名人说工美"的形式，图文并茂地记录了北京工美集团成立30年来最值得大书特书的历史成就，折射出改革开放以来中国工艺美术行业的繁荣与发展。

  由北京工艺美术出版社出版发行的《最美的胜出》，不仅倾注了北京工美集团领导班子的心血，更得到了中国轻工业联合会会长、党委书记，中华全国手工业合作总社主任步正发，十届全国人大常委、中国轻工业联合会名誉会长、中国工艺美术学会名誉会长陈士能，北京市国资委马维燕，北京市经信委张兰青等领导同志的大力支持与帮助；得到了杨伯达、唐克美、赵书、刘一达、吴汾、杨丹霞、李苍彦等专家学者的大力支持与帮助；得到了中国轻工业联合会、市国资委、市经信委、北京工艺美术行业协会等单位的大力支持与帮助；得到了北京工美集团麾下多家企业、工艺美术大师及集团公司相关部室的大力支持与帮助，在此，致以最真挚的感谢！

  谨以此书庆祝北京工美（联合企业）集团成立！庆祝北京工美联谊会成立！！

2011年11月